西北 传统 武术

XIBEI CHUANTONG
WUSHU TAOLU JINGBIAN

套路精编

苗钟立
胡有宏 编著

甘肃科学技术出版社

图书在版编目（CIP）数据

西北传统武术套路精编／苗钟立，胡有宏编著 . --
兰州：甘肃科学技术出版社，2023.7
ISBN 978-7-5424-3091-5

Ⅰ．①西… Ⅱ．①苗… ②胡… Ⅲ．①套路(武术)-
西北地区 Ⅳ.①G852

中国国家版本馆CIP数据核字(2023)第125273号

西北传统武术套路精编

苗钟立　胡有宏　编著

责任编辑　陈学祥
封面设计　麦朵设计

出　　版　甘肃科学技术出版社
社　　址　兰州市城关区曹家巷1号　　730030
电　　话　0931-2131572(编辑部)　0931-8773237(发行部)

发　　行　甘肃科学技术出版社　　　印　刷　甘肃发展印刷公司
开　　本　880毫米×1230毫米　1/32　印　张　8.625　插页　2　字　数　205千
版　　次　2023年10月第1版
印　　次　2023年10月第1次印刷
印　　数　1~1800
书　　号　ISBN 978-7-5424-3091-5　　定　价　68.00元

前 言

　　西北作为祖国边陲、丝绸之路的主要通道,自古地域辽阔,民风彪悍,素有尚武之风。随着社会的变迁,西北武术在近300年的发展与传习中,形成了具有丰富内容和鲜明西部特色的传统武术项目,其流传广泛,群众基础雄厚,成为我国武术宝库中不可或缺的一部分。传统武术作为中华民族传统文化的重要组成部分,尽管它的内容繁博,但每一拳种的产生、发展及传播无一不受到地理环境、经济条件、文化背景、民俗风情等因素的制约和影响。所以,在甘肃盛传的武术拳种都融铸着该地区人们的传统文化心理、观念气质、价值需求和审美情趣。古有武术谚语"东枪西棍,南拳北腿"之说,现流行于西北的传统武术拳种有八门拳、大小红拳、通备拳、翻子拳、八极拳、劈挂拳、炮捶和太极拳等。

　　西北传统武术的特点:步法灵活,发力凶狠,腾挪翻转,放长击远。多用拧腰切胯的翻扯劲和快速疾进的连环步,尤以爆发力见长。武林中就有"八极加劈挂,神鬼也害怕"的武谚,也有"文有太极安天下,武有八极定乾坤"俗语,天下武功唯快不破的翻子拳和封手拳在西北都有很好的发展。

　　如今,在网络上名家演示的西北传统武术视频资料较多,但集中整理成文字的书籍较少。为方便各种西北优秀传统武术套路的继承与发展，本书主要将笔者学习过的一些常见武术套路加以整理，如劈挂拳一路、二路、三路和八极拳、翻子拳、封手拳等，对西北传统拳术具有一定代表性。本书可作为武术爱好者学习的教材，也可作为武术专业工作者的参考资料，它的出版有助于西北传统武术的传承与发展。

笔者上学期间师从刘宝禄教授学习武术，至今从事武术教学20余年，通过深入学习西北拳术、棍术和苗刀等拳械套路，对西北传统武术理论和技术教学做了一些研究。为继承这些优秀的民族文化遗产，在借鉴各位名家的有关资料后，把原有传统武术套路略做改动，以方便习练者更好地学习及掌握，在整理本书的过程中，因为理论与技术水平有限，书中难免有误、有漏，敬请武术前辈及同仁批评指正。

本书为甘肃农业大学教务处2023年体育教学改革与实践项目"丰富内容，强化社团，开展武术文化节及武术表演实践"的中期研究成果，在此对甘肃农业大学教务处和体育教学部给予本书出版的大力支持表示感谢！

编者

2023年2月

目 录

第一章　西北传统武术基本动作与技法

　　西北传统武术受西北气候、文化、环境等因素影响,流行的武术套路主要特点是以腰发力,动作迅速遒劲,架势俯伏闪动,气势浑厚,并受吞吐发力、轱辘翻扯、搅靠劈重的通备劲力染化,形成了独特的基本技术和练习方法。

第一节　手　型

1.拳

　　四平拳:四指卷曲握紧,大拇指按压于中指、食指第二指节(图1-1)。

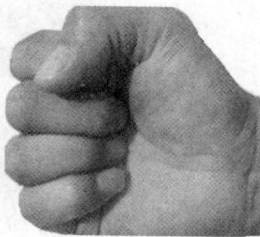

　　崩拳:是由四指并拢,第三、二指节向里屈扣,紧贴第一节指根,拇指屈扣压于食指根,手心平直而成的拳(图1-2)。又叫羌子拳,实用于顶、点、插、击等技法。

图1-1

　　螺形拳:握拳是按小指、无名指、中指、食指的次序,依次向手心卷握,拇指屈扣于食指和中指的第二指节上,拳面成螺旋形斜面(图1-3)。又叫开口拳或瓦棱拳,多用于崩、钻、炮、横等拳法中。

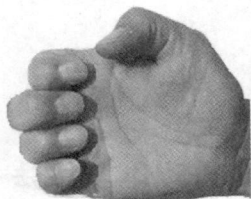 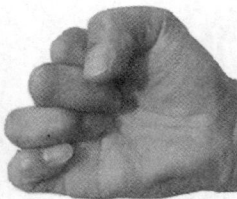 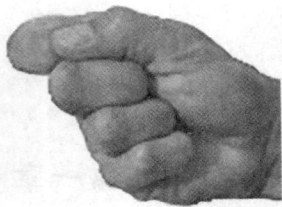

图1-2　　　　　　　图1-3　　　　　　　图1-4

鬼头拳:是在平拳基础上,将食指尖屈扣于指根,使第二指节突起,凸出拳面,拇指尖扣压于食指指甲上(图1-4)。又叫掸拳,实用于顶、钻、戳、点等技法。

顶心拳:是由中指、无名指、小指依次并拢卷屈于掌心,拇指与食指屈扣成蟹钳状,稍宽于握杯状,虎口圆撑而成的拳型(图1-5)。也叫端杯手或巴子拳,实用于勾、挑、掐、拿、扣等技法。

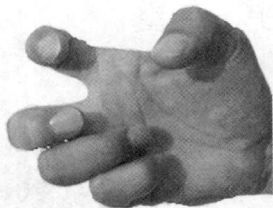 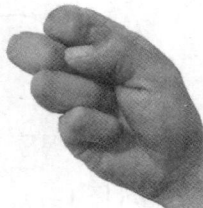

图1-5　　　　　　　图1-6

凤头拳:是四指屈握,中指突出拳面,拇指紧压在食指第三指节上而成的拳型(图1-6)。也叫尖拳,主要用于击打头部、面部和背部等穴位。

2.掌

柳叶掌:由四指并拢、挺直,拇指屈扣于虎口并夹紧,似柳叶形(图1-7)。又称蝴蝶掌,其动作要求手掌、手指要挺直,拇指屈扣要紧。实用于拍、击、穿、砍、削、劈等掌法。

圆形掌:圆形掌是由五指自然分张,拇指外展,食指微上翘,拇指、中指、无名指、小指依次向里裹合,虎口张圆,掌心凹蓄如瓦片(图1-8)。又称瓦楞掌,多以掌刃、掌根为力点,劲贯指尖,实用于劈、托、压、掀、盖等技法。掌刃在小鱼肌一侧,又称为掌外沿或掌下沿。

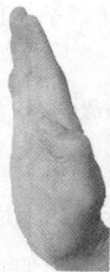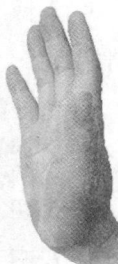

图1-7　　　　图1-8

3.勾

勾:五指撮在一起,腕关节弯曲称为勾(图1-9)。

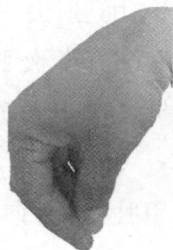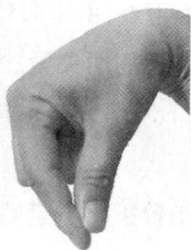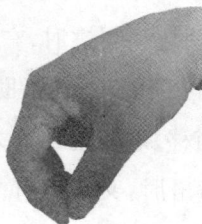

图1-9　　　　图1-10　　　　图1-11

丹凤勾:拇指按于食指第一二骨节间成目状,中指、无名指、小指依次卷曲扣于掌心(图1-10)。

鹤嘴:拇指按于食指和中指呈鹤嘴状(图1-11),叼击眼睛、太阳穴等。

第二节　手　　法

1.砸拳:拳上举后屈臂外旋,以拳背为力点,向前、向下猛力劈砸,力达拳背。

2.横拳:开口拳从侧下方向前直臂横击,拳眼斜向下,力达食指掌骨节。

3.推掌:单掌或双掌,直臂平肩向前立掌推出,力达掌根和掌小指侧。

4.按掌:手掌由上而下用力按击,掌心向下,力达掌心。

5.切掌:手掌由上而前下用力斜击,掌心向下,力达掌外沿。

6.叼手:手腕由伸到屈,向内或向外叼抓,力达手指尖。

7.缠手:以腕或肘关节为轴,手掌由内向上、向外缠绕,同时前臂外旋,掌心转向上抓握。

第三节 肘 法

1.顶肘:臂屈肘,以肘尖为力点,由里向外顶出,力达肘尖。

2.立肘:又叫挑肘,右(左)臂屈肘夹紧,上身左(右)转,使肘尖由下往上、向前顶击对方胸、肋或下颌部。要求转身与立肘同时完成,要借助上身前移、后腿蹬伸之力。

3.横击肘:又叫摆肘,大小臂折叠靠紧端平,用肘尖由外向内横击,力达尺骨鹰突。

4.裹肘:右(左)臂屈肘直立,由外向内随上肢含胸拧裹之势在面前向左(右)靠击,小臂外旋,拳心向内。

5.格肘:右(左)臂屈肘直立,由内向外随上肢拧转之势在面前向右(左)横拨,小臂内旋,拳心斜向前。

第四节 步 型

1.偏马步:前腿稍屈,脚尖微内扣,后腿下蹲,大腿略高于水平,脚尖向外,两脚距离同马步,重心略偏于后腿。

2.麒麟步：一腿屈膝半蹲,全脚踏实,脚尖稍内扣,另一腿后退半步,脚前掌着地,后跟抬起,膝弯屈。身体重心落于两腿之间,发力前重心偏后,发力后重心偏前。右脚在前为右麒麟步,左脚在前为左麒麟步。

3.虚步：两脚前后开立,左脚脚尖稍内扣点地,右腿屈膝半蹲,右脚外展45°全脚掌着地踩实,重心落于右脚成左虚步。右脚脚尖点地在前,重心在左腿为右虚步。北方拳种多用高虚步。

4.歇步：两腿交叉靠拢全蹲,左(右)脚全脚着地,脚尖外展,右(左)脚前脚掌着地,膝部靠于前小腿外侧,臀部接于右(左)脚跟处。左腿在前为左歇步,右腿在前为右歇步。

5.跪步：前腿屈膝下蹲,后腿脚后跟抬起屈膝关节下跪不触地。分左右,按需求重心在两腿之间转换。

第五节 步 法

1.上步：后脚向前移一步为上步。

2.追击步：一脚前移一大步,后脚随之跟进半步成麒麟步为追击步。

3.插步：一脚经另一脚后侧横迈一步,两脚交叉为插步。

4.闪步：一脚向同侧横跨一步,另一脚相随成虚步或麒麟步等。

5.闯步：一脚原地震脚之后,另一脚迅速向前冲蹚而出,身体随之向前闯撞,成弓步姿势。劲力充实,气势雄壮。

6.扣步：脚向里绕弧形进步,落地时脚尖内扣。

7.碾脚：以脚跟为轴,脚尖外展或内扣;或以脚前掌为轴,脚跟外展。

8.震脚:一腿屈膝稍提起,蓄劲后全脚掌迅速落地下震,五趾抓地。一脚下震为单震,两脚跳起同时落地为双震,震脚时并发"哈"声。

9.交错步:两脚偏马步站立,原地跳起转体180°进行交换站位。两脚擦地而过,拧腰切胯,重心下沉前移。

10.大跨步:右脚向前迈一步,并随重心前移蹬伸,左膝提起向前跨一大步成左麒麟步,重心偏左腿为左大跨步。右大跨步动作相同,唯方向反。

11.激绞连环步:侧向交叉步或闪步后接大跨步、麒麟步或追击步等。

第六节　腿　　法

1.勾踢:一腿屈膝支撑,另一腿脚尖上勾内扣,用力向前、内侧踢出,脚跟擦地。

2.弹踢:支撑腿直立或稍屈。另一腿由屈到伸向前弹去,高不过腰,膝部挺直,脚面绷平,小腿弹出要求脆快有力,力达脚尖。

3.踩腿:一腿屈膝支撑,另一腿屈膝提起,脚尖上勾外展,脚跟用力向前、向下踩出。也可屈膝向前勾踢,途中上勾的脚尖外展,力达脚掌。

4.前蹬:支撑腿直立或稍屈,另一腿屈膝抬起,脚尖勾起用脚跟猛力向前蹬出。蹬击面颈部俗称为穿心腿,蹬击胸腹部为窝心腿,同侧手掌在上,向前插出与前蹬腿同出为袖腿。

5.后蹬:一腿稍屈支持,另一腿屈膝向后蹬踹。身体前倾,后蹬腿时另一侧手向前插掌俗称庚子腿。

6.后撩腿：一腿屈膝支持，另一腿向后摆击，力达脚跟。勾摆后侧小腿撩击对方裆部为蹶子腿。

7.腾空蹬踢：身体腾空，起跳腿在摆动腿落地前屈膝勾脚尖前蹬，快速有力，力达脚跟。

8.抄手起脚：重心前移于右脚，左腿提膝上摆，右手屈肘向前穿掌经左手腕上侧向前插掌，掌心向上，掌指向前。随即右脚蹬地，使身体腾空，并向前上方点击，脚背绷平。同时，右掌向后抡臂成侧平举；左掌自右腋下向前抄手，并用左手背击打右脚背。目视右脚。

9.跺子脚：在手法的配合下，一腿屈膝支撑，另一腿屈膝抬起，横向端出，低于胸部，力达脚跟和脚掌外沿。侧身旋转幅度小，不向前送胯，身体稍前倾。

第二章 西北八极拳

八极拳的步型以弓步、马步、麒麟步为主,步法多以闯步、追击步结合而成。八极拳非常注重攻防技术的练习,在用法上讲究"挨、膀、挤、靠",不招不架,见招打招。在练习时伴有"哼、哈"二气,以气催力,内外合一,气势磅礴,讲究慢蓄劲而急发力,力短劲整,绵里藏针。西北八极拳是偏重于大八极的综合性八极拳套路,该套路共有48个动作。

第一节 套路动作名称

起式

第一段

1. 擂打勾踢

2. 马步顶肘

3. 上步横打

4. 开弓式

5. 回身击裆

6. 弹踢砸拳

7. 开弓式

8. 翻腕勾踢斜击

9. 挂塌掌

10. 右格挡左下截

11. 右左裹肘

12. 跪步架打

13. 推挤式

14. 转身戳面掌

第二段

15.右缠腕马步左切掌 16.左缠腕马步右切掌

17.右缠腕马步左切掌 18.右勾踢震脚掐肚双撞

19.左右分插掌 20.左勾踢震脚掐肚双撞

21.转身圈手戳面掌

第三段

22.左架靠右撩掌 23.右架靠左撩掌

24.左架靠右撩掌 25.转身右缠腕撤步左切掌

26.左缠腕撤步右切掌 27.马步挤裆

28.震脚缠腕马步撩裆

第四段

29.撤步抡砸拳 30.左抛拳

31.右抛拳 32.腾空蹬踢

33.马步反撑掌 34.左进步折腰

35.右进步折腰 36.提膝托掌

37.翻身马步架推掌

第五段

38.左弓步冲拳 39.右小缠腕搜肚

40.双顶肘 41.右弓步冲拳

42.左手缠腕搜肚 43.左蹬脚

44.挂膝砍掌 45.转身抱掌

46.弓步勾手撩阴 47.撤步拍按右推掌

48.并步左推掌

收式

第二节 套路动作图解

起式

1.准备姿势：面朝南自然直立，头要端正，下颌内收，两臂自然下垂。目视正前方（图2-1）。

图2-1　　　　　　图2-2　　　　　　图2-3

2.并步侧分掌：身体稍右转，双臂自下向上向外成侧平举，掌心向上（图2-2）。

3.并步按掌：身体向左回转，双臂向上收至胸前，两掌下按，手指相对，掌心向下，下肢屈膝半蹲。目视正前方（图2-3）。

4.上步云手：左脚向左前方上半步，同时两掌前臂在腹前交叉云手，虎口向外，掌心朝内，右臂在前。目视左前方（图2-4）。

5.虚步摆掌：右脚向前上半步，脚尖内扣，重心移至右脚；左脚稍提起外旋，脚尖点地成左虚步，身体左转面朝东。同时右臂向左上云手划弧，右掌经头上方并向后划立圆变巴子拳，置于右腰后；左掌从左前向右划弧拍按，四指朝上，掌心向右。目视左掌（图2-5）。

图 2-4 图 2-5

第一段

1. 擢打勾踢

右手向前上齯打,食指与拇指微曲成握杯状,其余三指收紧成巴子拳,拳心斜向上;左手按压回收至右上臂前。左腿屈膝支撑,右腿勾踢蹬踩,脚尖上勾稍外展。目视右拳(图2-6)。

图 2-6 图 2-7

动作要点:含胸拔背,沉肩垂肘,气贯丹田,舌顶上颚。踩脚高不过膝,踩脚与攒拳要协调一致。

2.马步顶肘

右脚屈膝落地震脚,左脚向前迈一大步,身体右转成马步姿势;同时左肘向左前方立肘顶出,肘尖朝前,拳腕上挺,拳心斜向上。右拳屈臂向右摆动成直臂,置于身体右侧斜下方,拳心朝后,拳眼斜向下。目视左前方(图2-7)。

动作要点:震脚重心要低,转身与立肘同时完成,肘尖上顶要借助上身前移、右腿蹬伸之力。

3.上步横打

以左脚掌为轴,身体左转,右脚上步成偏马步。同时,右手成开口拳直臂向前横击,拳眼向下,拳心向后;左拳下落至左腰间,拳心向上。目视右拳(图2-8)。

图2-8

动作要点:身体左转,以腰力带臂,力达中指、食指掌骨节前端。

4.开弓式

右拳外旋曲臂向左裹肘,小臂超过脸部中线后下压向右扫肘,拳心向下(图2-9);同时,左拳向右前方冲出,拳面向前,拳心向下。重心移至右腿,左足跟向外碾动,左腿蹬伸成右弓步。目视左拳(图2-10)。

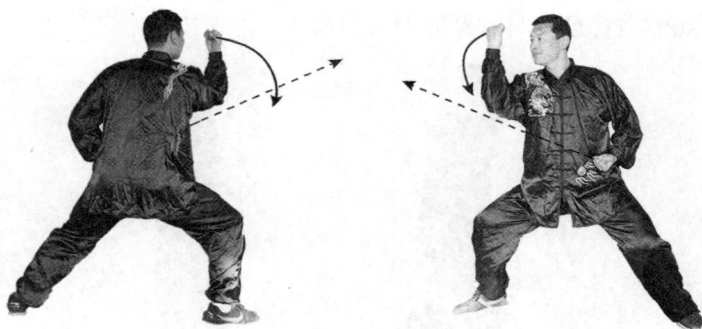

图2-9

图2-10

动作要点：碾脚助力，转身、冲拳要协调一致，冲拳力达拳面。

5.回身击裆

（1）收左脚以右脚掌为轴，身体左转成左虚步。同时左手变掌屈腕，左臂向下搂膝，掌心斜向下（图2-11）。

（2）上动不停，左脚尖外撇上步踏实后，右脚提起向左脚靠拢震脚（高度约为15cm），并步成半蹲姿势（图2-12）。

（3）左掌上旋向右拍按至右胸前，掌心朝右，掌指向上；右拳向身体正前下方冲出，拳眼向左，拳心向下。目视右拳（图2-13）。

动作要点：左掌拍按，右拳冲击与右震脚配合一致，动作劲整力猛。

转体180°左右，足尖与右臂方向为西南。

图 2-11

图 2-12

图 2-13

6.弹踢砸拳

右脚向右前方弹踢,高不过裆(图2-14)。双臂交叉上撑,右臂由下经头顶向右前方抡臂翻砸,右臂微屈,拳眼朝右,拳心向上;左臂向左屈肘翻砸,左拳收至左腰间,拳心向上,拳眼朝外,肘尖朝后。目视右拳(图2-15、16)。

图2-14　　　　　　图2-15　　　　　　图2-16

动作要点:右拳迎面砸与右脚落地同时完成,双拳抡臂反砸动作圆、快而沉,力达拳背。

7.开弓式

接上动,腰向右转,左脚跟向外碾动成右弓步。右拳上提向左移至胸前裹肘,再屈肘向后平顶肘,拳心朝下;同时上体右转90°,左拳向左斜方冲出,拳与肩平,拳心向右。目视左拳(图2-17)。

动作要点:左臂与右肘成一直线。

8.翻腕勾踢斜击

重心右移,左脚向右脚前移半步,脚尖

图2-17

点地，成左虚步。同时右拳向后、向下划弧收回右腰后成巴子拳；左拳变掌外旋缠腕，拳心向上（图2-18）。上动不停，重心前移至左腿并屈膝下沉，右脚向左上勾踢，脚跟擦地。同时右拳向左上勾击摆打，拳心向上；左掌向右拍按，置于右肘上侧（图2-19）。

图2-18　　　　　　　图2-19

动作要点：左掌接手，气沉丹田。右脚向左勾踢与右拳斜击要协调一致。

9. 挂塌掌

（1）右拳变掌向右下搂膝圈手，同时右脚向右撤步，左拳回抽变掌自下向后划弧，再架于头左上侧（图2-20）。身体重心右移，右手向右上搂抱，掌心向自己，四指向上。同时左脚向右腿后方插步（图2-21）。

图2-20　　　　　图2-21　　　　　图2-22

（2）上动不停,右脚向右再跨一步,右脚落地后突然发力蹬伸成左弓步。同时右手屈肘翻掌向前下推按,高与左膝齐,掌心斜朝下,掌指向前,力达掌根与掌外沿。目视右掌（图2-22）。

动作要点:右脚挂踏、右掌推击与左掌上架要同时完成,力达掌根与掌外沿,攻击对方腰背部。

10.右格挡左下截

上右脚屈膝,左脚紧随,脚尖着地。右掌变拳抬起,右臂曲肘向右格挡;左掌向右立掌拍按后向下、向外挂膝。目视左前方（图2-23）。

动作要点:左右臂体前交叉,上体随右臂稍右转。

图2-23

11.右左裹肘

接上动,右臂格挡后随左脚的前迈和右腿的蹬伸向内裹肘,身体稍左转（图2-24）。上动不停,左拳屈肘向右裹肘,同时左腿蹬伸,身体稍右转。右拳屈腕向下搂右膝后顺势向上划弧后立于右肩上（图2-25）,同时左膝提起,左拳变掌向下搂左膝停于左膝外侧,掌心侧向后。目视前下侧（图2-26）。

图2-24　　　　图2-25　　　　图2-26

动作要点：裹肘时缩肩藏头，提膝上步要连贯协调。

12.跪步架打

左掌变拳屈臂外翻上架，拳心向前；左脚向前跨一大步，右脚向前跟半步，下蹲成跪步。同时右拳自肩侧向前下冲拳，拳心向下。目视右拳（图2-27）。

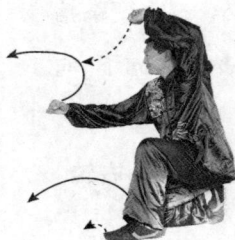 

图2-27   图2-28

动作要点：跪步架打要敛臀，上体自然挺直。左臂上架自然弯曲，稍高于额头。冲拳直臂顺肩有力。

13.推挤式

起身屈膝，右脚向前上一大步，左脚相随成右麒麟步。同时，右臂屈肘外撑，拳背向外，拳眼向上；左掌按于右手腕部，自下向上、向前推挤。目视右拳（图2-28）。

动作要点：左脚跟随要快，身体重心低，含胸拔背；左脚蹬伸，上肢推挤，用力顺达、凶猛。

14.转身戳面掌

（1）右脚掌为轴，身体向左后转，同时左脚向左后方弧形上步，脚尖点地，成左虚步。转身时左手顺势向下、向后搂膝，不停上绕，在面前立掌拍按；右拳变掌抬起停于右肩上，掌心斜向下，掌指向前。目视左掌（图2-29）。

图2-29　　　　　　　　图2-30　　　　　　　　图2-31

（2）上动不停，左脚向左前方上步后重心前移至左腿，右腿屈膝提起，靠向左脚并步后震脚成半蹲姿势（图2-30）。同时右掌向体右前上方推掌，掌心向前、掌指向上，力达掌根；左掌立于右胸前，掌心向右贴在右上臂内侧，掌指向上。目视右掌（图2-31）。

动作要点：左脚尖外撇，向左后转体，左掌搂挂，右掌划弧俯掌于右肩上同时完成。震脚与戳掌同时发力，力猛劲整。

第二段

15.右缠腕马步左切掌

接上式，身体稍右转，右脚向左前方弧形上步。同时右掌曲臂向前伸，顺时针向外旋缠腕握拳（图2-32）。重心前移，右脚尖稍外转震脚（图2-33）；左膝抬起成右腿独立，左掌前伸横架于脸前侧（图2-34）。上动不停，随重心前移，身体右转，左脚上步成偏马步。同时左掌曲臂抬起随右

图2-32

拳的回拽自上而下向前搓掌,左掌横掌,掌指向右,掌心向下,力达掌外沿;右拳置右腰侧。目视左掌(图2-35)。

图2-33   图2-34   图2-35

动作要点:右拳后拽,左掌前搓与左脚上步成马步,动作协调一致,用力顺达,发力凶狠。

16.左缠腕马步右切掌

回重心于右脚,左脚收回向右前方弧形上步。同时左掌曲臂后向右前方伸出,逆时针向外旋缠腕握拳。重心前移,左脚脚尖稍外转震脚(图2-36);随重心前移,身体左转,右脚上步成偏马步。同时右掌曲臂

图2-36   图2-37

抬起随左拳的回拽自上而下向前搓掌,右掌横掌,四指向左,掌心向下,力达掌外沿;左拳置于左腰侧,拳心朝上。目视右掌(图2-37)。

动作要点:左拳后拽,右掌前搓与右脚上步成马步,动作协调一致,用力顺达,发力凶狠。

17.右缠腕马步左切掌

回重心于左脚,右脚回收后弧形向左前方上步。右掌曲臂后向左前方伸出伸,顺时针向外旋缠腕握拳。重心前移,右脚尖稍外转震脚(图2-38);随重心前移,身体右转,左脚上步成马步(图2-39)。同时左掌曲臂抬起随右拳的回拽自上而下向前搓掌,左掌横掌四指向右,掌心向下,力达掌外沿;右拳置于右腰侧,拳心朝上。目视左掌(图2-40)。

图2-38　　　　　　　图2-39　　　　　　　　　图2-40

动作要点:动作同于15式。

18.右勾踢震脚掐肚双撞

(1)重心前移至左脚,左腿屈膝支撑。左掌曲臂圈手拍按收至右胸前(图2-41);同时右手变巴拳向前上撅打,食指与拇指微曲成握杯状,其余三指收紧成拳状,拳心斜向上(图2-42)。动作不停,右脚向前上方勾踢后,重心前移,右腿抬起屈膝向下震脚。右拳变掌与左掌内旋下将成掐肚掌置于腹前两侧,两掌掌心向前,虎口向上,拇指指尖向对。目视前方(图2-43)。

图2-41　　　　　　　　图2-42　　　　　　　　图2-43

(2)上动不停,左腿屈膝上提,上前迈一大步,右脚紧随半步,脚前掌着地成左麒麟步;右腿蹬伸,双掌前推,力达双掌心,两臂微屈,肘尖外分斜向下。目视前方(图2-44)。

图2-44　　　　　　　　图2-45　　　　　　　　图2-46

动作要点:闯步前撞要动作连贯,即震脚上步、双掌前撞要协调一致,撞掌迅猛有力,发力重在腰腿,力达两掌掌心。

19.左右分插掌

重心前移,右腿提膝向前上步。右臂屈肘向上、向后划立圆,右掌经右腰侧置于左掌心之上,右掌心朝左,掌指向前,肘尖朝后(图2-45)。上动不停,身体左转90°,右脚向前迈步成偏马步;同时,右掌向前推出,力达掌跟和掌外沿;左掌后拽,经左腰侧向身后推出,掌指向上,掌心朝后。目视右掌(图2-46)。

动作要点:右脚上步要大,且脚尖、脚跟依次猛烈搓地,右脚落地与击掌同时完成,重心稍偏向右腿,力达指尖与掌下沿。

20.左勾踢震脚揞肚双撞

(1)接上式,右掌力尽后,身体重心前移至右腿,右腿屈膝支撑。右手按压回收至左上臂前(图2-47);同时左手食指与拇指微曲成握杯状,其余三指收紧成巴拳,向前上方擂打,拳心斜向上。同时左脚向前上勾踢(图2-48),随后重心前移,左脚在右脚前方屈膝震脚(图2-49);上动不停,右脚提起靠在左腿旁,身体稍左转,左拳变掌与右掌内旋下揞成揞肚掌置于腹前两侧,两掌掌心向前,虎口向上,拇指指尖相对。目视前方(图2-50)。

图2-47　　　　　　　图2-48　　　　　　　图2-49

(2)上动不停,右腿屈膝上提,上前迈一大步;左脚紧随半步,脚前掌着地成右麒麟步。左腿蹬伸,双掌前推。目视前方(图2-51)。

动作要点:闯步前撞要动作连贯、协调一致,撞掌迅猛有力,力达两掌掌根。

图2-50　　　　　　　图2-51

21.转身圈手戳面掌

身体随右脚前掌向左碾转,左脚提起。左掌直臂向下、向后搂膝下截,经左膝后向上划立圆,再自左向右做拍按动作后立于右胸前,掌心向左,掌指向上(图2-52);同时右掌抬起自右肩上向前上推出,力达掌根。左脚上步落实,右脚后随并脚下震。目视右掌(图2-53)。

图2-52　　　　　　　图2-53

动作要点:震脚、右掌前推,动作协调,劲整力爆。

第三段

22.左架靠右撩掌

右脚抬起,向右前方上步,重心前移,左脚前随。右掌随身体右转向右侧平抹(东北方向),同时左掌向右拍按(图2-54)。上动不停,左脚向左前方跨步（西南方向），右腿蹬伸成左弓步。同时右掌向下划弧，四指向下，掌心向前，猛向前撩掌，高与裆齐；左掌拍按后自右胸前向左屈肘搂手，再上翻外撑，掌心向前，掌指朝右。目视右掌（图2-55）。

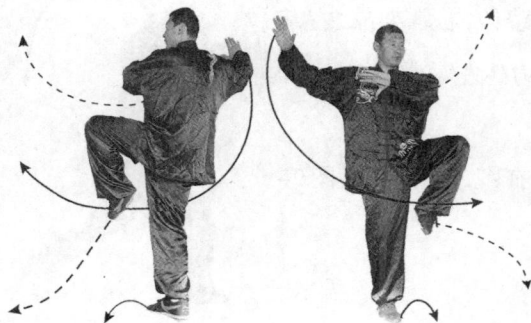 

图2-54　　　　　　　　　　　　　　　图2-55

动作要点：左上步右腿蹬伸，左掌架靠，右掌前撩，动作协调，劲整力猛，力达右掌掌心。

23.右架靠左撩掌

左脚尖外旋，身体重心前移，右脚前随。左掌随身体左转向左侧平抹（东南方向）；同时右掌向左拍按（图2-56）。上动不停，右脚向右前方

图2-56　　　　　　　　图2-57　　　　　　　　图2-58

跨步(西北方向),左腿蹬伸成右弓步。同时左掌向下划弧,四指向下,掌心向前,猛向前撩掌,高与裆齐;右掌拍按后自左胸前向右屈肘捋手,再上翻外撑,掌心向前,掌指朝左。目视左掌(图2-57)。

动作要点:右上步左腿蹬伸,右掌架靠,左掌前撩,动作协调,劲整力猛,力达左掌掌心。

24.左架靠右撩掌

右脚尖外旋,身体重心前移,左脚前随(图2-58、59)。

图2-59

动作要点:同22动作。

25.转身右缠腕撤步左切掌

接上式,身体右转180°,右手臂自前向上、向后抡臂一周,右掌与肩平,顺时针外旋缠腕(图2-60)。右脚提起向后撤步,脚尖稍外转震脚;身体继续右转随重心后移成偏马步(图2-61)。左掌曲臂抬起随右拳的回拽自上而下向前横切掌,掌指向右,掌心向下,力达掌外沿;右拳后拽置于右腰侧。目视左掌(图2-62)。

图2-60   图2-61   图2-62

动作要点:右拳后拽,左掌前搓与右脚撤步后成偏马步,动作协调一致,用力顺达,发力凶狠。

26.左缠腕撤步右切掌

接上式,身体左转,左掌逆时针外旋缠腕。同时左脚提起向后撤步,脚尖稍外转震脚成偏马步。右掌曲臂抬起随左拳的回拽自上而下向前横切掌,掌指向左,掌心向下,力达掌外沿;左拳后拽置于左腰侧。目视右掌(图2-63)。

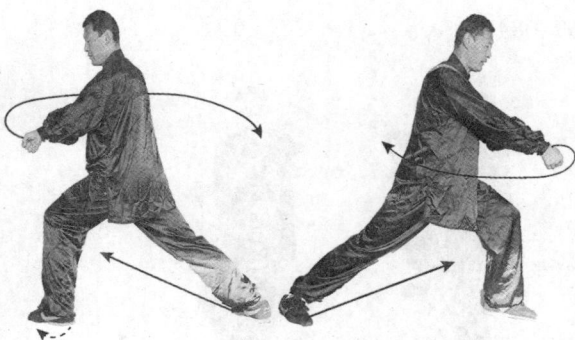

图2-63　　　　　　　　　　　　　图2-64

动作要点:左拳后拽,右掌前搓与左脚撤步后成马步,动作协调一致,用力顺达,发力凶狠。

27.马步挤裆

身体左转,左掌向左前方插掌,掌心向右,掌指朝下。右腿蹬伸,重心左移。同时右掌变拳向左前方直臂下摆撩击,拳眼向内、拳心朝后;左臂屈肘向右手腕部合掌,掌指向前、掌心朝右。目视右拳(图2-64)。

动作要点:右拳左撩成左弓步时,右腿蹬伸发力,脚尖内扣。

28.震脚缠腕马步撩裆

(1)接上式,身体右转成右弓步。同时两臂屈肘,右拳变掌,虎口张开,掌心向前,掌指向上并向右横捋。目视右掌。

（2）上动不停，右腿屈膝提起，右脚收于左腿右侧。同时右掌向外旋转并缠腕圈手，身体右转180°（图2-65、66）。右脚震脚落地，左脚迅速向左前方上步成偏马步。右臂屈肘后拽收至右腰间，肘尖向下，拳心向上、拳眼朝右；同时左手变丹凤勾，直臂自下向前撩击，勾尖朝下，拳眼向右。目视左勾（图2-67、68）。

图2-65

图2-66

图2-67

图2-68

动作要点：小缠、撩裆两动作要一气呵成，震脚上左步成闯步，撩击发抖劲。

第四段

29.撤步抢砸拳

（1）接上式，重心偏向右侧，身体稍右转；左手变拳下落，并划弧引背，自右侧曲臂向后、向上抢起，用拳背向前抢砸拳。同时，左脚提膝外摆向左转体90°；右拳向后、向上直臂抢起，拳心向前，拳眼向左（图2-69）。

图 2-69　　　　　　　　　　　图 2-70

（2）上动不停，左脚后撤一步落地，身体左转90°成半仆步。同时，右拳直臂下砸，拳心朝下，拳眼向左；左拳直臂向后上摆置于身后上侧，拳心朝下，拳眼向左，两臂成一直线。目视右拳（图2-70）。

动作要点：抢砸动作以腰为轴，力达前臂。

30.左抛拳

身体右转面朝西，左腿蹬伸，重心前移。同时，右拳向上抢起，左脚上前半步成虚步（图2-71）。上动不停，随着重心的前移，左拳自下向前上抛出，拳面斜向前，拳心向后；右拳曲臂立于身体后侧，拳面向下，拳

图 2-71　　　　　　　图 2-72　　　　　　　图 2-73

心向前。目视左拳(图2-72)。

动作要点:身体重心的移动与抛拳协调一致,抛拳拳面到达下颌高度时,重心在前脚。

31.右抛拳

右脚上半步成右虚步。随左臂上抡,右拳自下向前上抛出,拳面斜向前,拳心向后;左拳曲臂立于身体后侧,拳面向下,拳心向前。目视右拳(图2-73)。

32.腾空蹬踢

左拳前摆与右拳小臂交叉上架,拳心向脸,拳眼向上(图2-74)。同时,左脚用力向前提膝摆起;右脚迅速蹬地跳起,屈膝上收至腹前并向前上方蹬出,力达脚跟。目视右脚(图2-75)。

图2-74   图2-75

动作要点:右脚在跳起至高点蹬出,双臂上架与下肢蹬摆连贯、有力,前蹬凶狠。

33.马步反撑掌

接上动,左脚先落地,右脚随即前落内扣成半马步。同时,两拳变掌由交叉分掌,右臂前撑,右掌掌心向内,掌背向前,虎口向上;左掌后拽放于左腰侧,掌心向上,四指向前。目视右掌(图2-76)。

图2-76   图2-77

动作要点:右脚下落与右臂前撑用力顺达,两臂交错分掌发抖劲。如端枪式,又名闯步硬开门。

34.左进步折腰

(1)接上动,重心移于左腿;同时,右臂回收,右掌内旋立掌,虎口向左,掌心向前,四指向上。上动不停,右脚弧线向左前方上步;右掌弧线自左前向右划弧横捋手。目视右手(图2-77)。

(2)重心前移于右腿;提左膝向前上半步,脚尖点地成左虚步。同时,左掌自腰间由后向上经头顶屈肘划弧,并向前下方按掌;右掌搂手后屈肘立掌于右腰侧,掌心向前,四指向上。随后左臂外旋与右掌成抱球状。目视左掌(图2-78)。

(3)上动不停,左脚上一大步;右脚前随成麒麟步。同时,左臂向腹部回抱,掌心向内,四指朝右;右掌经左前臂上侧向前上方推掌,掌心向前,四指向上,力达掌根。目视右掌(图2-79)。

图 2–78   图 2–79

　　动作要点:左脚上步为追击步;右掌发力在右前脚掌落地之后,推掌要发出两掌合抱相挤的整劲,推击来敌下颚。如果左掌搂抱来敌之腰部失败,即左肩和右掌同时向左前方靠推为左贴山靠。

35.右进步折腰

　　动作同右推掌,唯方向相反(图 2–80~82)。

图 2–80   图 2–81   图 2–82

36.提膝托掌

　　重心后移,右脚提起回收震脚,落于左脚右侧。同时,左手向左、下弧线按掌;右掌自腰间向前、上摆动,上架至头上。上动不停,右脚屈膝提起成独立式。同时,左掌外翻,掌心向上,并随提膝向上托掌;右掌向后、下撑掌。目视左掌(图2-83)。

图2-83　　　　　　　　图2-84　　　　　　　　图2-85

动作要点:左掌上托与右掌向后撑压,用力顺达,发力如杠杆。

37.翻身马步架推掌

重心前移,左足向前落脚,脚尖外撇;右脚抬起,上半身大幅前倾,头下垂。左掌曲腕向下、向后掳手,掌心向内;右手自上向前、下屈肘摆压,掌心向下,四指向左。上动不停,身体左转180°(图2-84),左掌上摆架掌于头顶上侧,掌心向上,四指朝右;右臂屈肘,右掌掌心向右,并随右脚落地成马步向右侧推出,四指向上。目视右掌(图2-85)

动作要点:转身时上体前俯,随左掌搂挂翻身,转体一周。右脚落地与推掌发力前推同时完成。

第五段

38.左弓步冲拳

身体左转90°。左掌自头顶向前、下按掌;右掌变拳屈肘,拳面向左,拳眼向内(图2-86)。随右腿蹬伸成左弓步,右拳平拳前冲,拳眼向左;同时,左掌回收立于右胸前。目视前方(图2-87)。

图2-86   图2-87

动作要点：冲拳随右腿蹬伸、转体发腰背之力。

39.右小缠腕搜肚

（1）左掌向前抓按于右腕上方，掌心向下，虎口向里。身体重心前移于左腿，右腿屈膝提起向前上半步，准备下踏震脚。左手仍抓住右腕（图2-88）；右拳变掌外沿向右、向下切掌，顺时针缠绕握拳向右腰侧下拽回收；左掌掌心向下，虎口向后，右拳拳心向上，拳眼向右。目视前方（图2-89）。

图2-88   图2-89   图2-90

（2）上动不停，右脚下踏震脚，足尖外撇；左腿屈膝提起，向前迈一大步成左弓步。左掌仍握住右腕；同时，右拳内旋带左掌向前平冲。目视右拳（图2-90）。

动作要点：动作连贯，切掌旋绕要一致；右拳回拽与右脚下震同时发力，冲拳要带左肩前撞，发力凶猛。

40.双顶肘

身体右转90°，右膝抬起成左腿支撑，两掌交叉收于胸前（图2-91）。上动不停，右脚下踩震脚成马步。同时，两臂屈肘外撑，两掌下按于体侧两胯旁，掌心均向下，掌指斜向里，双肘外顶。目视左前方（图2-92）。

图2-91　　　　　　　　图2-92　　　　　　　　图2-93

动作要点：震脚与双臂外撑发力为一体，力达两掌外沿和两肘尖。

41.右弓步冲拳

身体右转90°，右掌向前屈肘立掌向左拍按，掌心向左；左掌变拳屈肘，拳面向前，拳眼向右。上动不停，随左腿蹬伸成右弓步，左拳平拳前冲，拳眼向右；右掌回收立于左胸前。目视前方（图2-93）。

动作要点：冲拳随左腿蹬伸、转体发腰背之力。

42.左小缠腕搜肚

动作同右小缠腕搜肚，唯方向反（图2-94~96）。

图2-94   图2-95   图2-96

43.左蹬脚

重心前移提起左膝,左拳外旋下绕经右手腕下侧成十字掌;两掌上架高于肩,两掌心向内,两掌尖斜向外(图2-97)。上动不停,右腿屈膝独立支撑;左腿勾脚尖前蹬,力达脚跟。目视前方(图2-98)。

图2-97   图2-98

动作要点:左腿前蹬如穿袖腿,左脚从十字掌下侧蹬出与两掌上架要同时,体现出脚的隐蔽性。

44.挂膝砍掌

(1)身体前倾,左膝关节放松,随小腿下落双掌向下、向外搂膝,左、

右掌经下、后向上划圆弧,两臂屈肘横掌分别立于左右肩上,掌心向前,
虎口向下。目视前方(图2-99)。

图2-99　　　　　　　　　　图2-100

(2)上动不停,左脚向前一大步成左弓步。同时,左掌前撑,再向外
捋抓变勾,直臂立于左肩上侧;右掌向前砍掌,力达掌外沿,掌尖斜向
上。目视右掌(图2-100)。

动作要点:上步与砍右掌同时发力,协调一致。

45.转身抱掌

右脚尖外撇,重心右移,以左脚掌为轴右转身体180°,右掌曲臂上
抬,随身体右转经头顶向前方下按,掌心向下,并继续下将后置于右腋
下(图2-101);左掌屈肘上抬,随右臂划弧后与右臂相合抱掌,两掌掌心
向上,右掌指朝后,左掌指朝前。目视前下方(图2-102)。

动作要点:抱掌时含胸拔背,蓄势待发。

46.弓步勾手撩阴

左脚稍抬起向后蹬跨半步,右脚相随成右麒麟步。同时,右掌变丹
凤勾向前撩击,勾尖向下,勾背向前;左掌屈肘后拽,顺势变勾后摆,勾

尖朝下。目视右勾手(图2-103、104)。

图2-101

图2-102

图2-103

图2-104

动作要点:左腿屈膝提起,左脚附于右小腿后侧,左脚后蹬与右臂前撩同时发力,刚猛迅捷。

47.撤步拍按右推掌

(1)身体重心移至左腿,右足跟内转提起。同时,右勾手变掌屈肘向上抬起后直腕向左拍按(图2-105)。上动不停,右足继续擦地后撤一步成左弓步,左掌屈肘抬起自左向右拍按后抓握变勾;同时,右掌下落经腹前向右后划弧抬起,屈肘立掌置于右肩上,掌心向前,掌指朝上。

目视前方(图2-106)。

图2-105　　　　　　　图2-106　　　　　　　图2-107

（2）右腿突然挺膝蹬伸发力。左勾下行划弧,经腹前向左侧方拽拉;同时,右掌发力向前推出,掌心向前,掌指向上。目视右掌(图2-107)。

动作要点:扭腰、缩胯、后撤与推掌发力协调一致。

48.并步左推掌

以右脚尖为轴,右脚跟内旋落地,右腿屈膝半蹲,重心右移。右掌掌心朝外,随身体右转向右后平捋并抓握变勾,勾尖向下;左勾变掌向下捽手,经腹前至右胸前立掌,掌心向右,掌指向上(图2-108)。左脚屈膝抬起,靠

图2-108　　　　　　　　　图2-109

近右脚后并脚下震。同时,左臂内旋,左掌外撑向左前方推掌,掌心向左,掌指朝上。目视左前方(图2-109)。

动作要点:含胸、塌腰,沉肩、垂肘。

收式

1.并步侧分掌:两手变掌内收于胸前交叉,右掌在下,掌心斜向上。随身体右转,两掌下行划弧,经两腰侧成侧平举。右掌稍高,掌心向上。目视右掌(图2-110)。

图2-110   图2-111   图2-112

2.并步按掌:上动不停,身体向左回转,双臂向上,屈肘将两掌收至胸前并下按,手指相对,掌心向下(图2-111)。下肢伸膝直立同时两臂自然下垂。目视正前方(图2-112)。

动作要点:全身放松,呼吸要深长,练拳后不要骤然静止,应在不停地走动中使脉搏、呼吸逐渐平稳下来。

第三章　西北翻子拳

　　本套路原为站桩翻子拳,是单趟套路。在演练过程中,为便于练习与表演,增加了一个左侧踹腿动作,改变了原有套路的方向,使练习者完成套路后能回到原位。该套路共有28个动作。

第一节　套路动作名称

起式

第一段

1.提膝托掌   2.插步背摔

3.旗鼓式   4.马步托掌

5.锁手后坠   6.连环冲拳

7.进步顶肘   8.缠颚掌

9.撩阴掌   10.埋伏势

11.上抛拳   12.马步下截

13.反手劈拳   14.侧踹腿

第二段

15.左劈挂掌   16.弓步插掌

17.提膝叼手　　　　　　　　18.左右勾踢截腕抹脖子

19.撤步捋手塌掌　　　　　　20.左猛虎硬爬山

21.马步双插掌　　　　　　　22.左右拦截斜身靠

23.右左横击　　　　　　　　24.勾挂连环冲拳

25.并步砸拳　　　　　　　　26.左右连环上勾拳

27.提膝托掌　　　　　　　　28.旗鼓式

收式

第二节　套路动作图解

起式

1.准备姿势:两脚并齐,双腿伸直,两手掌自然下垂贴于两胯外侧;上体微前倾,身体自然而立。目视正前方(图3-1)。

图3-1　　　　　　　图3-2　　　　　　　图3-3

2.并步托掌:下肢并步屈腿下蹲,双手屈腕,掌心向下,分别由两胯外侧经前向外旋掌缠拿一周,再向上托掌至左前方。双手稍低于肩,掌心斜向前,两手相距与肩同宽;身体微前倾成并步托掌势。目视两掌正中处。此动作要求提气、松肩(图3-2、3)。

3.并步侧分掌:下肢并步伸直腿,两手掌同时由身体左前方向下经两胯外侧摆臂,再向上成侧平举,两掌心向上。身体右转,右掌稍高。目视右掌(图3-4)。

4.双臂反穿按掌:身体左转,下肢并步屈腿。两臂同时屈肘收掌,伸腕置于胸前,掌指向后(图3-5)。上动不停,两掌向同侧腋窝下反穿,同时伸腿上提身体重心。双掌下穿后再屈腕向下按掌,掌指均向前,掌心向下。目视左前方(图3-6)。

图3-4　　　　　　图3-5　　　　　　图3-6

第一段

1.提膝托掌

右脚向左前方上步后提起左膝;同时,两臂屈肘向左前方抬起,左掌掌心向上,掌指向左,与肩同高;右掌立于左胸前,掌心侧向前,掌指向上,屈指抓握。目视两手正中处(图3-7、8)。

动作要点:上步要轻盈迅速,摆掌快速有力,有刺咽、托肘之意。

2.插步背摔

左脚向左前方落脚,然后屈膝向右转身180°。同时,双手抓握,两臂屈肘经左肩上向前、向下拽拉,双臂伸肘拉紧后直膝翘臀,左肩下压

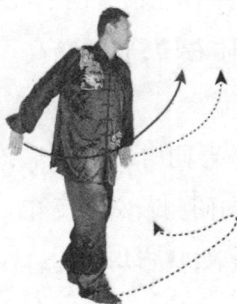

图3-7   图3-8   图3-9

完成背摔。目视右脚前侧(图3-9)。

动作要点:完成背摔动作时,转腰拧胯,伸膝翘臀,伸肘拽拉,用力连贯协调,一气呵成。

3.旗鼓式(四六步穿裆拳)

身体前倾,向左拧腰转胯。左脚向左后侧撤一步,脚前掌落地成左麒麟步;两脚随身体左转180°成四六步踏实。同时,两拳自右侧腹前向后上方做勾拳成旗鼓式,左拳与肩同高,右拳稍低,两拳心向上,两臂成弧形。目视左拳(图3-10)。

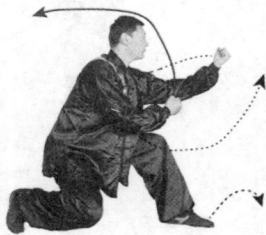

图3-10

动作要点:此式要做到摆头、落步、出拳三同时,并要做到松肩、拧腰、挺胯用力协调。

4.马步托掌

接上势,重心右移提左膝。同时,左臂内旋自胸前顺时针划弧下插至左腹前;右臂向上划弧抬起至头顶之上(图3-11)。上动不停,左脚向前方上一大步,右脚蹬伸成左偏马步。同时,左拳变掌后弧线向前上方屈肘托起,掌心向上,四指向前,高与肩平;右拳变掌向后方下压,掌心向右,四指朝后,稍高于肩。目视左掌(图3-12)。

图3-11　　　　　　　　　　图3-12

动作要点:左臂上抬托掌与右臂下压用力协调如杠杆,有上撩之意。

5.锁手后坠(千斤坠)

(1)重心前移,右脚上前一步。同时,右掌自右腰侧向前上方撩击(图3-13),拇指内扣,力达掌骨上沿,掌指斜向下。目视右掌。

图3-13　　　　　　　图3-14　　　　　　　图3-15

(2)上动不停,随后左掌抓按于右手臂前侧,右手掌曲腕外旋缠握成锁手,左掌掌心向下,四指向右,右拳拳心向上,拳面向前。目视右拳(图3-14)。

（3）上动不停，左膝提起，突然左脚后蹬一步落地；右脚后随成右麒麟步。同时，上体团身，双臂屈肘后拽成千斤坠，双臂后拽置于右腰侧，左掌按于右前臂，掌心向下。目视前方（图3-15）。

动作要点：千斤坠的后蹬、团身、屈肘后拽，发力凶狠，一气呵成。

6.连环冲拳（抹打挑打）

（1）左掌抽回于左腰侧；右拳向前打出，与胸平为度，拳眼向上。同时，右脚向前上步，左脚前随，前脚掌着地成右麒麟步。前冲右拳时耸肩，力达拳面。目视出拳方向（图3-16）。

图3-16　　　　　　图3-17　　　　　　图3-18

（2）上动不停，左掌自左腰间经右臂上侧向前平抹，虎口向上，掌心向前；同时，右拳收回右腰间，拳眼朝上。目视左掌（图3-17）。

（3）上动不停，左掌内旋下按，收于右腋下；同时，右拳自腰间经左掌上侧向前上方冲拳，拳眼向上，稍高于肩。上冲右拳时，左腿蹬伸，重心提高。目视右拳（图3-18）。

（4）上动不停，左掌伸腕自右腋下顺右臂下侧向前上方挑掌，虎口向上，掌心向前。同时，右拳收至右胸前，拳眼朝上。目视左掌（图3-19）。

图 3-19

图 3-20

（5）上动不停，双腿屈膝下蹲，重心下沉。左掌回收至右脸颊外侧，掌心向外，四指向上；同时，右拳向前下方冲拳，拳眼向上，高与肩平。目视右拳（图 3-20）。

（6）上动不停，左腿蹬伸，拧腰转胯，重心稍提起。左掌变拳自胸前向前打出，拳面向前，拳眼向上，高与肩平；右拳顺势收回右腰侧。目视左拳（图 3-21）。

图 3-21

图 3-22

（7）上动不停，右拳再向前平冲拳，拳面向前，拳眼向左；左拳顺势收回左腰侧，拳心朝上。目视右拳（图 3-22）。

动作要点:冲拳与胯的拧转相协调,重心上下起伏,含胸拔背,共打五拳。(2)(3)动作为抹打,(4)(5)动作为挑打,(6)(7)动作为连环打。

7.进步顶肘(斜身迎门肘)

(1)上体稍向左转动,重心移于左腿,收右脚屈膝立于左腿侧。同时,右臂屈肘自右向左直立裹肘,并用前臂靠击左掌后置于左胸前成独立裹肘(图3-23)。

图3-23   图3-24

(2)右脚向前方上步成偏马步,上体稍前倾。同时,右臂屈肘向右前方顶出;左手按于右拳拳面之上,向右推按。目视右前方(图3-24)。

动作要点:顶肘时要快、狠,力达肘尖,同时用左脚后蹬助力。

用途:当乙方用直拳击打甲方面部时,甲方以右臂屈肘横格其拳腕,然后再迅速进身以右肘顶撞对方胸部。

8.缠颈掌

(1)右臂伸直横扫鞭拳,力达拳背,拳眼朝上。目视右拳(图3-25)。

(2)右拳变掌内旋屈肘抬起向前捋按,经右腿外侧向后摆臂,虎口朝下,掌指向后;左掌下行划弧,经左腰侧向后捞手,再经肩上向前推掌,掌心向前,虎口朝下。身体重心左移成左腿支撑,身体前倾,右腿屈

图 3-25

图 3-26

膝向后抬起。目视前方（图3-26）。

动作要点：横扫鞭拳要猛，提膝与推左掌要同时完成，推掌时要顺肩。身体前倾，保持身体平衡。

9.撩阴掌

重心前移，右脚向前方跨一大步，左脚前随半步成右麒麟步。同时右掌自体后经右腿外侧向前方直臂上撩，虎口向前，掌心向左；左掌下按落于右前臂上侧。目视右掌（图3-27）。

图 3-27

动作要点：前移迅速，发力凶狠，力达食指掌骨外侧。

10.埋伏势

左脚向左侧闪身横跨一步；右脚向左随移半步，并屈膝下跪成右跪步。同时，右掌屈肘立掌向左拍按后曲腕向右下截至右腿外侧，掌心向后；左掌由腰间向下、向左，再向上弧形外摆至头上左侧，掌心斜朝上。目视右前方（图3-28）。

图 3-28   图 3-29   图 3-30

动作要点：侧闪动作迅速、敏捷，左臂下截有力。

11.上抛拳（冲天炮）

（1）右脚上步，左腿向前跟进半步，上体向右稍转。同时，右臂屈肘顺时针向左、向上、向右侧格挡后（图 3-29），屈肘内旋向外划弧置于右腰侧。上动不停，左脚向前上半步。同时，左臂屈肘自下向上前方架挑，左手为拳，拳面斜朝上。目视前方（图 3-30）。

（2）上动不停，右脚再上半步。右拳自腰间向前上方屈肘弧形勾击；同时，左拳变掌向前方弧线下按于右大臂上侧，掌心朝下。左腿蹬伸，脚尖着地或提起。身体右倾，目视右拳（图 3-31、32）。

图 3-31   图 3-32

动作要点：上步格挡协调有力，抛拳凶狠。

12.马步下截

左脚落地,重心后移成偏马步。右拳自上屈肘向左划弧,经左臂内侧、胸前向右外侧下截,拳眼斜朝下;左掌内旋上撑于左侧头上,掌心向上。目视右拳(图3-33、34)。

图3-33　　　　　　　　图3-34　　　　　　　　图3-35

动作要点:右臂下截时要内旋,并发下插之力。

13.反手劈拳(铁翻杆)

右腿蹬伸,重心提起。右拳以肘为轴自下向内,再向前上方顺时针划立圆翻出,用拳背向前上方劈拳,拳心朝上;同时,左掌下按,平置于右大臂下侧,高与胸平,掌心朝下。目视前方(图3-35)。

动作要点:翻拳、按掌随重心起伏同时完成,力达拳背。

14.侧踹腿

重心前移,右腿以脚跟为轴,脚尖外展,身体向右转体180°。同时,左腿屈膝抬起,脚尖勾起向左上方侧踹,力达脚掌。左掌自右腋下向前横击,掌心向下,掌下沿朝外;右掌平拉外撑置于右肩上侧,掌心向后。目视左脚(图3-36、37)。

图 3-36   图 3-37

动作要点：右掌上顶，保持平衡（原套路无此动作，为便于表演改变方向使用）。

第二段

15.左劈挂掌（单劈盘柳）

右脚跟内旋，上体向右转90°引背。左脚向左前方跨一大步，右脚随即跟上半步，屈膝下蹲成右跪步。同时，左掌逆时针自腹前划弧，由上向前劈掌，超越左腿后再上挂至右胸前，掌心朝外；右掌向左前方抡臂劈掌至左腋下，掌心朝外，力达掌下沿。目视右掌（图3-38~40）。

图 3-38   图 3-39   图 3-40

动作要点：闪跨上步时，动作要轻盈快速，以腰带臂，翻转灵活；手臂摆动时要与上步动作同时完成。

16.弓步插掌（白蛇吐信）

身体向右转体90°，双掌交叉屈肘平抬上架，高与脸平，左掌在上，两掌心向下，掌指斜向前（图3-41）。重心向前上方提起，右脚随即向右前方上追击步成右弓步。同时，左手伏掌向前插击，右掌屈肘向右后平捋置于右肩侧，掌心向下，掌指朝前。目视左掌（图3-42）。

图3-41

图3-42

动作要点：追击步上步迅速，左插掌发左右臂交错之力。

17.提膝叼手（鹦哥上架）

身体重心前移于右腿，左腿屈膝高提，脚尖下垂。同时，右掌变爪从右肩上向侧前上方弧线叼手，爪尖侧向下；左掌在面前外旋翻掌，再屈肘内收按于右前臂，掌心向上，掌指向右。目视右爪（图3-43）。

动作要点：右爪叼抓迅速，左膝外展保持平衡。

18.左右勾踢截腕抹脖子

（1）身体稍右转，屈右膝降低重心。后摆左腿后勾脚尖向右斜上方

图3-43

勾踢(图3-44)。同时,左手掌外沿向左前方横切,掌心向下;右臂屈肘外顶,右掌向右后平捋,虎口向前,掌心斜向下,掌指向前置于右肩外侧。目视左掌(图3-45)。

图3-44　　　　　　　　　　　　图3-45

(2)接上式:左脚下落后向前一步屈膝;同时,右掌插入左腋下。上动不停,重心前移于左腿,提右膝并勾脚尖向左斜上方勾踢(图3-46)。同时,右手掌外沿向右前方横切,掌心向下;左臂屈肘外顶,左掌向左后平捋,虎口向前,掌心斜向下,掌指向前置于左肩外侧。目视右掌(图3-47)。

图3-46　　　　　　　　　　　　图3-47

动作要点:左(右)腿勾脚尖踢寸腿,高不过30cm,勾踢时脚跟蹬地;左(右)掌抹脖子横击时,力达掌外沿,发弹抖劲。

19.撤步捋手塌掌

右脚向前落地,重心前移。左掌前插至右大臂下侧后立掌自右向左平捋,掌心向前,掌指向上;右掌弧形回收经右胸前屈肘立于右肩前侧(图3-48)。同时,左脚向右脚后横插一步,右脚迅速提起向右侧横跨一步成左弓步(图3-49)。右掌迅速向前下方塌掌,掌心侧向下成瓦楞掌,力达掌跟和掌下沿;左掌向左弧形平捋,后摆成侧上举,掌心向外侧朝上。目视右掌(图3-50)。

图3-48　　　　　　图3-49　　　　　　图3-50

动作要点:退右脚、圈手要协调一致。撤右脚,右掌推击与左掌上架要同时完成,力达右掌掌根与掌外沿。

20.左猛虎硬爬山

(1)身体左转引背,提右脚弧形向左前方上步成高虚步。同时右掌由腹前经体左侧向后、向上、向前抡劈掌,收于右腰侧,掌心向下,掌指朝前;左掌由左肩上侧随右臂下劈向前、向下屈肘横掌下按,掌心向下。同时提左膝成右腿独立,目视左掌(图3-51、52)。上动不停,身体重心前移,左脚向前上一大步屈膝成左弓步;同时,右掌伏掌自右腰间向前经左臂上侧平插掌,掌心向下,掌指向前。目视右掌(图3-53)。

(2)身体右转90°,重心后移成偏马步。左掌自右腋下行经左腰侧向左侧推掌,掌指朝上,掌心向前;右掌回收下按置于右腰后侧成爬山式,掌心斜向下,四指朝前。目视左掌(图3–54)。

图3–51   图3–52   图3–53

图3–54   图3–55

动作要点:上步闪身动作要轻快连贯,插掌要力达掌指。右掌后拽与左掌随重心下沉上挫,交错发力,身体稍前倾。

21. 马步双插掌

右脚向右前方上一步,成右弓步,或两腿屈膝跳起交错步,向左转体180°成偏马步落地。同时,右掌由腰侧经左掌上侧立掌向前推出,瓦楞掌掌心朝前,力达掌外沿和掌根部;左掌由右前向下、向后直臂挑摆成侧平举,掌心侧向上。目视右掌(图3–55、56)。

图3-56　　　　　　　　　　图3-57

动作要点：跳步闪身动作连贯，不宜过高；插掌马步要稳，十趾抓地。右掌前穿经左掌心上侧，力达右掌外沿和掌根部，两肩放松稍外张。

22.左右拦截斜身靠

（1）右掌向下经腹前顺时针抡臂划弧一周向前捋掌，提右膝顺势跳起右转180°；左掌上抡经肩上向前拍按，两臂交叉合抱于胸前，右臂在上，掌心斜向下（图3-57）。

（2）上动不停，右脚落地震脚，成右腿独立。左右臂逆时针先后抡臂云手，左臂置于右腋下，掌心斜向下。目视左侧（图3-58）。

图3-58　　　　　　　　　　图3-59

（3）上动不停，左脚向左上一大步成偏马步，左臂向左、向外靠分掌,左臂斜向上,虎口朝上,掌心向前。目视左侧(图3-59)。

动作要点:跳换步不亦过高,右腿独立时含胸拔背;向左侧分掌时,右腿蹬伸与上步拧腰用力顺达,利用重心的左移用肩、肘和臂发力挤靠。反式亦同理。

(4)左掌向下经腹前逆时针抡臂划弧一周向前掳掌,提左膝跳起,身体顺势左转180°,右掌上抡经肩上向前拍按(图3-60)。

图3-60   图3-61   图3-62

(5)上动不停,左脚落地下震成左腿独立。左掌下劈经腹前向后、向上顺时针再抡臂一周,与右臂交叉合抱于胸前;右臂在下,掌心斜向上。目视右侧(图3-61)。

(6)右脚向右侧迈步成偏马步,重心右移。右臂向前向外靠分掌,右臂斜向上,虎口朝上,掌心向前。目视右侧(图3-62)。

动作要点:同上,唯方向反。动作更快时,跳换步改为交错步,跳起不宜过高。

23.右左横击

(1)左脚向右后插步,身体重心后移;右脚再向右侧横跨一步。同时右臂屈肘回收,右拳自胸前经腋下向右划平圆,再向右前方打平抄拳,右横击高与目平,拳眼向内,拳面向左。目视右拳(图3-63、64)。

图 3-63

图 3-64

(2)上动不停,随后左腿蹬伸,身体稍右转。左臂屈肘向前方打左平抄拳横击,高与目平,拳眼向内,拳面向左;右拳顺势收于右腰侧,拳心向下。目视左拳(图3-65)。

图 3-65

图 3-66

动作要点:横击时屈肘外摆,要快速有力。上步与拧腰要同时完成,力达拳面。

用途:当乙方用右直拳击打甲方面部时,甲方迅速向右侧闪,同时用右摆拳击打对方太阳穴,对方低头躲过,甲方横摆左拳勾击;当对方裹肘防守后,再以右钻拳击打对方面部。

24.勾挂连环冲拳

(1)右钻拳:上动不停,上体稍左转。同时,右拳由腰间向上屈肘抬起自右肩上向正前方冲钻拳,高与肩平,拳眼向下;左掌屈肘立于脸右侧,掌心向右。目视右拳(图3-66)。

(2)内挂反手劈拳:右拳屈肘向下挂臂经胸前向上反手劈拳,力达拳背,拳面斜向上(图3-67)。

图3-67

图3-68

(3)左冲拳:右拳屈肘回收于右腰侧,拳心朝上。同时,左拳自腰间向前冲直拳,拳眼朝上。目视左拳(图3-68)。

(4)右冲拳:右拳由腰间向前直臂击出,拳眼朝上;左拳屈肘收至腰间,拳心朝上。目视右拳(图3-69)。

图3-69

动作要点:冲拳发腰力,两脚活步踲动。

25.并步砸拳

身体左转90°,同时重心移于左腿;收右脚并步屈膝震脚。同时,右拳上举至头顶,直向腹前左手心下落砸拳,拳心向上,拳背按于左掌心。目视右拳(图3-70)。

图 3-70　　　　　　　　　图 3-71　　　　　　　　　图 3-72

动作要点:两腿屈膝下蹲,震脚的同时砸拳,气沉丹田。

26.左右连环上勾拳

(1)左架勾拳:右脚向右横跨一步,以两脚脚掌为轴,身体向右转成右麒麟步。同时,右臂屈肘内旋,向前上方架挑,右手为拳,拳眼朝下;左拳向前上方屈肘弧形勾击,拳心斜向上,力达拳面。目视左拳(图3-71)。

(2)右架勾拳:上动不停,上肢稍向右扭转。同时,左臂屈肘内旋,向前上方架挑,左手为拳,拳眼朝下。右拳屈肘向后、向下划弧至右腰侧,随左臂上架右拳屈肘弧形向前上方勾击,拳心朝上,力达拳面。目视右拳(图3-72)。

动作要点:上步要快,并且架挑和勾拳动作要同时完成,发腰胯拧转之力。表演时,左膝顺势提起成独立上勾拳,左拳变掌下按于右大臂上侧,左膝外展保持身体平衡。

用途:乙方用左拳由上至下劈砸甲方时,甲方迅速上步逼近,用右臂向上架挑其来拳小臂,同时用左勾拳快速击打其腰腹部或颈部。再用左臂向上架挑其来拳小臂,同时用右勾拳快速击打其腰腹部或颈部。

27.提膝托掌

右脚向左前方上步后提起左膝。同时,两臂屈肘向左前方抬起,左掌掌心向上,掌指向左,与肩同高,快速有力,有刺咽、托肘之意;右掌摆于左胸前,掌心朝上,掌指向前。目视两手正中处(图3-73、74)。

图3-73　　　　　　　　　图3-74

28.旗鼓式

接上式,重心在右腿,左脚向左侧上一步,脚前掌落地,随双臂上摆与身体右转成右麒麟步。上动不停,两脚随身体左转180°成四六步踏实。同时,两拳由右侧经腹前向左上方勾拳成旗鼓式。左拳与肩同高,右拳稍低,拳心向上,两臂成弧形。目视左拳(图3-75)。

图3-75

动作要点:此式要同时做到摆头、落步、出拳,并要松肩、拧腰、挺胯用力协调。

收式

1.开步侧平举:左腿蹬伸,重心右移。两手变掌,同时由体左前方向下经两胯外侧摆臂成侧平举,两掌心向上,右掌稍高。身体右转,目视右掌(图3-76)。

图3-76　　　　　　　　　图3-77　　　　　　图3-78

2.并步按掌:双臂屈肘回收于胸前,高与肩平。收右脚与左脚并步,下肢屈膝站立。身体稍左转,面向左前方;双掌屈腕向下按掌,掌指均向前,掌心向下,下肢随按掌伸直。目视左前方(图3-77)。最后,两臂下垂,身体自然放松。目视前方(图3-78)。

第四章 西北劈挂拳一路

劈挂拳是大劈大挂，大开大合，上下翻飞，迅猛彪悍，滚翻扑搂，劈撩挂砸为独特风格的一类拳种。其基本动作有滚、勒、劈、挂、斩、卸、剪、抹、掠、摈、伸、收、探、弹、插、撸等手法，整个套路起伏转折，纵横交错，演练起来极具气势。俗语有"来无踪，去无影，手似流星，目似电，腰似蛇形，脚似钻，迅速敏捷，不可呆滞"，"腾如龙、猛如虎、狠如鹰、机警似猴、腰灵似蛇，滑如油、冷如冰、快如电、行如风、站如钉"等描述。

劈挂拳内容丰富，有较完整的运动体系，在西北广泛流传的劈挂拳套路有三套：

一路劈挂抹面拳，也叫劈拳，共9段，主要由78个动作组成。技法主要以劈为主，多以上向下而击。

二路劈挂青龙拳，也叫挂拳，共8段，主要由54个动作构成。以挂为主，技法多以下向上而击。

三路劈挂飞虎拳，也叫挑拳，共6段，主要由78个动作构成。技法以挑砸、蹬踢为主。据说，马氏通备拳中还有第四路劈挂拳叫太淑拳。

第一节　套路动作名称

起式

第一段　青龙出水

1. 麒麟步滚臂

2. 左劈挂掌

3. 右单劈手

4. 撤步提左膝上穿掌

5. 左仆步下穿掌

6. 垫步右虚步前插掌

7. 弓步撩掌

8. 右提膝抹肘

9. 垫步左虚步左插掌

第二段　鹞子穿林

10. 转身右托掌

11. 上步穿左掌

12. 转身提右膝抹肘

13. 提膝左穿掌

14. 弧行步穿林

15. 半马步左架右推掌

16. 转身左托掌

17. 上步穿右掌

18. 转身提左膝抹肘

19. 提膝右穿掌

20. 弧行步穿林

21. 半马步右架左推掌

第三段　托枪式

22. 麒麟步滚劈

23. 仆步插掌

24. 提膝双托掌

25. 半马步架推掌

26. 丁步靠肘

27. 马步横击掌

第四段　三环套月

28. 叉步双插掌

29. 开步双劈掌

30. 叉步双插掌(同28)

31. 开步双劈掌(同29)

32. 叉步双插掌(同28)

33. 弓步双劈掌

第五段　双撞掌

34. 乌龙翻身

35. 左跃步双劈掌

36. 右弓步双撞掌

37. 撤步千斤坠

38. 右跃步双劈掌

39. 左弓步双撞掌

第六段　三环套月

40. 扣腿合掌

41. 半马步撩勾

42. 叉步双插掌（同28）

43. 开步双劈掌（同29）

44. 叉步双插掌（同28）

45. 开步双劈掌（同29）

46. 叉步双插掌（同28）

47. 弓步双劈掌（同33）

第七段　野马奔槽

48. 乌龙翻身

49. 跪步双抱掌

50. 提膝双挂掌

51. 弓步撩阴掌

52. 并步托枪式

53. 震脚双击掌

54. 丁步滚臂

55. 跨步劈掌

56. 抄手起脚

57. 仆步拍掌

第八段　连珠炮

58. 双臂合抱

59. 抬膝提拉

60. 翻身反劈

61. 麒麟步左劈挂掌

62. 提膝按掌

63. 并步挫面掌

64. 麒麟步滚臂

65. 上步抡劈掌滚臂

66. 麒麟步右劈挂掌

第九段　倒发五雷和目望三见手

67. 翻身上步右劈拳

68. 回身震脚左劈拳

69. 擢打勾踢

70. 提膝左掌上挑

71.马步按掌   72.提膝前托掌

73.歇步下栽右拳   74.转身提膝叼手

75.弓步双劈掌   76.弓步叼手

77.仆步穿掌   78.并步托枪式

收式

第二节 套路动作图解

起式

1.准备姿势:面向正南成正立姿势,脚尖并拢。两臂微屈,双掌自然下垂,两掌心向里;头要端正,下颌内收,目视左前方(图4-1)。

图4-1   图4-2   图4-3

2.退步双插掌:右脚向右后退一步,身体稍左转,两掌胸前交叉,左手在上,右手在下,两掌心向上。目视前方(图4-2)。

3.弓步捋手:身体右转向后移重心成右弓步,同时两掌随身体分别向左右平捋雁展,高与胯平,掌心向下。目视左掌。

4.并步抱拳:并左腿稍屈膝成直立抱拳,脚尖向西南方;拳心向里,大小臂屈曲成弧,挺胸稍向左拧。目视前方为正南方(图4-3)。

5.上步下蹲歇步双插掌:右脚向前上一小步外摆足尖,屈膝下蹲。同时,左右掌向前下交叉插击,右掌在上,两掌心斜向上。目视左掌(图4-4)。

图4-4 图4-5

6.提膝双挂掌:提左膝成右腿独立。同时,两掌向两侧分挂,右掌高过头,掌心斜向上,上体稍向右后倾;左腿屈膝抬起,脚尖稍翘起。目视左前方(图4-5)。

7.背穿亮掌:右腿屈膝下蹲,左脚落地成左仆步。同时,双掌经前向左、右腋下插出,然后翻掌置于体后,掌心向下。上体挺胸向左拧转,目视左前方(图4-6)。

图4-6 图4-7

8.弓步合掌:重心前移成左弓步。同时,双掌由后向前合掌,稍高于肩,虎口相对。目视前方(图4-7)。

9.虚步双按掌:重心后移成左虚步,两掌心朝下向腰两侧下按。目视左前方(图4-8)。

图4-8 　　　　　　　　图4-9 　　　　　　　　图4-10

10.提膝双按掌:上体姿势不变,提左膝向前跨步。

11.上步穿掌:左脚向右侧前方落地。同时,双掌屈肘外旋一周变仰掌由后经两侧腰肋部向前方穿出,掌心斜向上。目视双掌(图4-9)。

12.并步屈肘按掌:右脚上半步,并左脚屈膝半蹲。同时,双掌经腰肋向后摆臂,经侧平举再屈肘按掌,置于胸前,掌背高与肩平,掌心向下。目视前方(图4-10)。

13.并步按掌:双膝伸直,双掌置于腰两侧,大小臂微屈,掌心向下,虎口相对。目视左前方(图4-11)。

图4-11

第一段 青龙出水

1.麒麟步滚臂

右脚向右前迈出一步,左脚前脚掌着地成右麒麟步,身体右侧身前俯。同时,右掌向前穿出,右臂内旋下滚,掌心由向上翻下;左臂内旋下滚引臂,向后伸出,掌心由下向后翻。目视左方(图4-12)。

图4-12

动作要点:两臂翻滚与肩背通达,动作协调。

2.左劈挂掌

左掌向下经腹前逆时针摆臂一周向后劈掌。同时,左脚向左侧上步,随身体左转前伸下压。右掌自右经头上逆时针抢劈掌一周,力达右掌外沿,右掌置于左膝外侧,掌心斜向上;左掌回摆上挂置于右肩上侧,掌指向上。目视右掌(图4-13、14)。

图4-13　　　　　　　　　图4-14

动作要点:向左抢劈时,要转足合膝,两肩松活,两臂贴耳根划立圆,手臂尽力远伸。右劈掌要拧腰切胯,以腰发力,收腹含胸,与左掌上挂交错用力、抱紧,力达掌外沿。整个动作要上下协调一致。

3.右单劈手

身体随右臂向上、向后顺时针抡臂一周劈掌向后转身180°。同时，左掌直臂向左侧上举，掌心向上(图4-15)。上动不停，右掌向下经右大腿外侧向后摆掌半周，虎口向上高与肩平；左掌借收腹含胸之力经头上向前劈掌半周在胸前突然停顿，力达掌外沿向下，高与肩平，掌心斜向里。目视左掌(图4-16)。

图4-15　　　　　图4-16　　　　　图4-17

动作要点：左右臂如杠杆，但双臂微屈，左臂的劈与右臂的挑同时发力后骤然停顿。

4.撤步提左膝上穿掌

右膝提起向后退一步，同时右掌经腋下、左臂上侧向上穿掌，掌心斜向上；左掌曲肘下按收至右腋下，掌心向下。目视右掌(图4-17)。

动作要点：穿掌要快速有力，尽力远伸，右腿立直要稳。

5.左仆步下穿掌

接上动，随身体左转，提左膝向后撤步；屈右腿下蹲成左仆步。左掌指尖向前经左脚上侧向前穿出；同时，右脚后跟抬起向右旋转用力，重心前移。目视左掌(图4-18)。

图 4-18 　　　　　　　　图 4-19 　　　　　　　　图 4-20

动作要点:仆步时上体尽力下压,左掌尽力远伸,左脚掌不得翘起。

6.垫步右虚步前插掌

(1)右腿蹬伸,重心前移站起,然后右脚屈膝提起;同时,左脚蹬地跳起向前垫步。上动不停,右掌收至右腰侧掌心向里,掌指朝前;左掌架于头上,掌心向上。目视右掌(图4-19)。

(2)上动不停,双脚落地后成右虚步。同时,右掌向前插击,虎口向上,高于肩平;左掌随势向左后侧上举,掌心斜向上,虎口朝前。目视右掌(图4-20)。

动作要点:垫步要轻盈、快速,不亦过高,与右臂的提拉要协调一致。

7.弓步撩掌

上体向左转,右腿蹬伸成左弓步。同时,右掌向左前下方撩击,高同于裆,掌心斜向上;左掌置于右臂上侧。目视右掌(图4-21)。

动作要点:右掌撩裆,力达掌上沿,右臂尽量伸直,撩击不易过高。

8.右提膝抹肘

身体向右拧转,提右膝扣小腿。同时,左掌抹右肘下按,置于左大腿后侧,掌心向下;右臂屈肘向右上侧提拉,随身体转动置于头上,掌心斜向头部。目视前方(图4-22、23)。

图4-21　　　　　　　图4-22　　　　　　　图4-23

动作要点：右手提拉时，要使手臂含有向外的横劲，左掌要有向外的撑劲和向后的捋劲。

9.垫步左虚步左插掌

身体继续右转，右腿向前上步落地后，蹬伸跳起并垫步；左膝向前、向上抬摆，双脚落地成左虚步。同时，左掌由腰部向前插击，虎口向上，力达掌指；右掌后伸，掌心斜向上。目视左掌（图4-24、25）。

图4-24　　　　　　　　图4-25

动作要点：同于"垫步右虚步前插掌"，唯方向反。也可重心前移成偏马步插掌。

第二段　鹞子穿林

10.转身右托掌

身体向右后转,左足脚跟抬起以脚尖为轴向外旋转成右偏马步。右臂内旋,掌心向下按压后外旋向上托掌,掌心向上,掌指朝前;同时,左掌上挑后内旋下按,掌心向下。当右掌外旋向上托掌时,双足突然后缩成右麒麟步,重心后移,向右拧腰转胯。目视右掌(图4-26、27)。

图4-26　　　　　　　　　　　　　　　图4-27

动作要点:两脚前脚掌着地,右掌下按重心前移,身体借右臂翻掌上托,重心突然后移,拧腰耸胯,双脚跟同时向右碾动并后缩成右麒麟步。

11.上步穿左掌

提左膝向前上一大步。同时,左手掌心向上经胸前从右掌之上穿出;右掌屈肘收至左腋下,掌心向上,虎口朝外。身体前倾,屈左膝重心前移。目视左掌(图4-28)。

图4-28

动作要点:先上步后穿掌,力达指尖。

12.转身提右膝抹肘

上动不停,突然以左脚尖为轴,脚跟外碾;同时,提右膝起身向右后转。右掌变叼手屈肘向头部右上侧提拉,手掌心斜向下;左掌向下、向后捋按掌至左腰侧,掌心斜向下。目视右前方(图4-29)。

图4-29　　　　　　　　　　图4-30

动作要点:右手提拉时,要使手臂含有向外的横劲,左掌要有向外的撑劲和向后的捋劲。

13.提膝左穿掌

重心前移,右脚向右前侧上步落地。右掌内旋外翻,斜向外撑;左掌自腰间经右腋下向右前上方伸出,指尖向前,掌心向上。目视左掌(图4-30)。

动作要点:左掌向右腋下穿掌时,含胸拔背;左掌前穿后扩胸前伸,如鹞子侧身穿林。

14.弧行步穿林

左脚向右前方弧形上步,脚尖向左外撇;继提右膝弧线向前方弧形上步,脚尖斜向左前方。连续向左前方上三步。目视左掌(图4-31~34)。

动作要点:穿掌时要弧形前穿,使动作协调;行步要连贯,快而不乱,重心平稳,行走路线成一半圆弧。右掌不断向外撑、向后捋掌,掌指朝前。

图 4-31

图 4-32

图 4-33

图 4-34

15.半马步左架右推掌

当左脚落地后,提起右膝,身体左转。同时,左臂内旋,掌心向头部左上方外撑架掌,掌心向上;右掌下按收至腰右侧外翻,随右脚大步前落成马步向前推掌,掌心向右前方。目视右前方(图4-35、36)。

动作要点:马步为偏马步,右脚尖朝右,推掌时要拧腰催肩、送肘,发力完整,力达掌根。

16.转身左托掌

身体向左后转,左跟抬起以脚尖为轴向外旋转成偏马步。上动不停,左臂内旋掌心向下按掌后,突然外旋,向上托掌,掌心向上,掌指朝

图4-35　　　　　　　　　　　　图4-36

前；同时，右掌上挑后突然内旋下按，掌心向下；当左掌外旋向上托掌时，双足突然后缩成左麒麟步，重心后移，向左拧腰转胯。目视左掌（图4-37~39）。

图4-37　　　　　　　　图4-38　　　　　　　　图4-39

动作要点：两脚前脚掌着地，左掌下按重心左移；身体借左臂翻掌上托，突然拧腰耸胯使重心后移，双脚跟向右碾动并后缩成左麒麟步。

17.上步穿右掌

提右膝向前上一步。同时，右手手掌向上经胸前从左掌之上穿出，掌心向上，掌指朝前；左手屈肘收至右腋下，掌心向上。身体前倾，屈膝重心前移。目视右掌（图4-40）。

图 4-40   图 4-41

动作要点:穿掌时要直线斜向上插,含胸拔背,左掌心朝上。

18.转身提左膝抹肘

以右前脚掌为轴,提左膝,身体向左后旋转。同时,左手屈肘变叼手,向头部左上侧提拉,左手五指斜向下;右掌掌心向下、向后捋按至右腰侧,掌心斜向下。目视左前方(图4-41)。

动作要点:左臂屈肘提拉要用腰牵动手臂,右掌下按要有向外的捋劲;身体左转,含胸拔背,动作协调。

19.提膝右穿掌

重心前移,左脚向左侧上步落地。左掌外翻向斜上外撑,虎口向下,掌指朝前;右掌自腰间向左前经左腋下穿掌,指尖向前,掌心向上。目视右掌(图4-42)。

动作要点:穿掌时要弧形前穿,即要求手臂向前穿的同时要使手臂含有向外的横劲,左掌要有向外的撑劲和向后的捋劲。

20.弧行步穿林

上停不动,右脚向左前方上步,脚尖向右外撇,继提右膝弧线向前方上步,脚尖斜向右前方;连续向左前方弧形上三步。目视右掌(图4-43、44)。

动作要点:步法要快,身体右倾,用腰牵动手臂和脚步,使动作协调,路线成圆弧形。

图4-42　　　　　　　图4-43　　　　　　　图4-44

21.半马步右架左推掌

当右脚落地后,提起左膝,身体右转,右臂外旋,掌心向头右上方外撑架掌,掌心向上;左掌收至左腰侧外翻,随左脚大步前落成马步向前推掌,掌心向左前方。目视左前方(图4-45~47)。

图4-45　　　　　　　图4-46　　　　　　　图4-47

动作要点:马步为偏马步,左脚尖朝左,推掌时要拧腰催肩、送肘,发力完整,力达掌根。

第三段　托枪式

22.麒麟步滚臂

侧身向右前迈出右脚,左脚前脚掌着地成右麒麟步。同时,右掌向下圈手再向前穿出,掌心向上;并随即左臂内旋滚臂引背,右掌屈肘下按。目视左前方(图4-48)。

动作要点:两臂翻滚与肩背通达,动作协调。

图4-48

23.仆步插掌

左掌下落自下向右顺时针抡起向左前下方劈出,力达掌下沿。同时抬摆左腿,右脚蹬地跳起,向左转体180°,两脚一同落地成右仆步。腾空中左掌随下劈后摆置于身后,掌指斜向上,掌心斜向下;右掌屈肘向腹前按掌,再经右大腿内侧从后向前下插掌,掌心向下,掌指朝前。目视右掌(图4-49、50)。

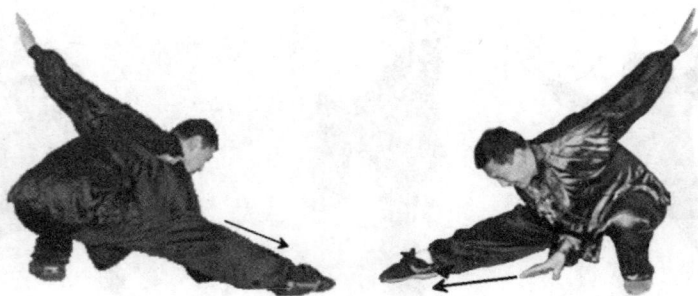

图4-49

动作要点:翻身跳起不宜过高,右掌屈肘下按,再向前伏掌平插。

图 4-50

24.提膝双托掌（托枪式）

随双臂前上摆，右腿抬起震脚，左脚蹬地屈膝高抬。左掌前摆，屈肘上托，掌心向上，掌指朝前；右掌上架置于头左上侧，两掌掌心相对成托枪式。目视前方（图4-51）。

图 4-51 图 4-52

动作要点：左肘与左膝靠拢相合，左右两掌掌指朝前，掌心相合。

25.半马步架推掌

身体以右脚跟为轴向右转，左脚向左侧落地成马步。同时，右掌内旋架于头上，掌心向上；左臂内旋翻掌，左掌向左前推出，掌外缘向前，掌指向上。目视左掌（图4-52）。

动作要点：推掌时先翻掌回收蓄劲，随左脚落地，推掌带有下挫之力，力达掌根。

26.丁步靠肘

收右脚成丁步，左腿屈膝支撑，身体稍左转。右臂屈肘向左裹肘与左掌靠击。目视右侧（图4-53）。

图4-53

图4-54

动作要点：右臂裹肘时前臂内旋滚臂，掌心向后。

27.马步横击掌

右脚向右侧跨出成马步。右掌向右横击，掌心向下，四指向前；左掌掌心向上，置于左腹前，掌心朝上，掌指向左。目视右掌（图4-54）。

动作要点：右脚尖朝右成偏马步，力达右掌外沿。

第四段　三环套月

28.叉步双插掌

左脚向右脚后插步，身体稍左转。右掌下摆屈肘回收与左掌在腹前交叉，向左下插掌；左臂在下，两掌心向上，虎口朝前。目视右掌（图4-55）。

动作要点：重心下沉，含胸拔背，两臂交叉蓄劲。

图4-55

29. 开步双劈掌

右脚提起向右侧开步落地。同时,双掌经头上向身体两侧劈击,双掌掌心向外,挺胸立腰。目视右方(图4-56、57)。

图4-56　　　　　　　　　　　图4-57

动作要点:双劈掌速度较慢,力道要沉,力达两掌下沿和掌背,与大腿外后侧击响。

30. 叉步双插掌

同28(图4-55)。

31. 开步双劈掌

同29(图4-56、57)。

动作要点:第二次双劈掌速度较快,力道要脆。

32. 叉步双插掌

同28(图4-58)。

动作要点:插步时重心较高,含胸拔背蓄劲。

33. 弓步双劈掌

右脚向右撤一大步成右弓步。同时,双掌屈肘抬起,经头上向两侧劈击,双掌掌心向外,挺胸立腰。目视右方(图4-59、60)。

图 4-58　　　　　　　图 4-59　　　　　　　图 4-60

动作要点：双肩放活，力达掌背，击打臀部要响，左腿蹬直，重心在右腿。

第五段　双撞掌

34. 乌龙翻身

（1）右腿蹬伸，右脚根外旋，身体左转（图4-61）。同时，右手内旋引背，左手向左上侧抬起，随身体左转内旋屈肘按掌，掌心斜向下。

图 4-61　　　　　　　图 4-62　　　　　　　图 4-63

（2）上动不停，右臂顺时针自下向左，再经头顶抡劈一周向后劈掌，虎口朝上，力达右掌下沿（图4-62）；身体右转，重心偏右，左手由后向前抡劈掌半圈，力达掌下沿；同时右臂以腰为轴经下向后抡转半圈，两掌心朝前,虎口朝上。目视左掌(图4-63)。

（3）上动不停,左臂随惯性下劈,向后抡臂半圈置于身后;右臂经头上向前劈掌。重心移在右腿并屈膝下蹲成左仆步,然后身体左转前倾;同时双臂内旋向后伸,使两掌心向上,两掌虎口相对。目视前方(图4-64)。

图4-64　　　　　　图4-65　　　　　　图4-66

动作要点:双臂抡转与身体转动协调一致,双臂最后内旋向后穿掌成燕形,两掌心斜向上。

35.左跃步双劈掌

右腿蹬伸屈膝抬起,身体左转90°;左腿跳起向前垫步。同时,双臂向前交叉上架后展开,双掌经头上向跨两侧劈击(图4-65、66)。

动作要点:身体借双臂上摆跳的要高、远,在最高点双掌外劈击打臀部两侧要有响声。

36.右弓步双撞掌

左腿落地后,右脚向前上一步成右麒麟步。左腿蹬伸成右弓步的同时两掌由体侧向前上方侧推,两掌心侧向上,掌指相对。目视右上方(图4-67、68)。

图 4-67 图 4-68

动作要点：双撞掌由下向上发力，脚的蹬转随上体的翻转要快速有力，使两肩向前顶。力道要猛，力达掌根，两臂间稍呈圆形。

37.撤步千斤坠

身体直立，右脚后撤一步成左弓步。同时，双手缠腕抓握向左后下拽，左臂由屈变直，两拳在一条直线上，拳眼斜向上。左脚随身体动作向后滑动。目视前方（图 4-69、70）。

图 4-69 图 4-70

动作要点：拧腰旋臂，撤步与双拳后拽上下拧成整劲，同时发力，力道要脆、猛、狠。

38.右跃步双劈掌

接上动,右脚上步,左腿蹬伸抬起,身体右转90°;右腿跳起向前垫步。同时,双臂向前交叉上架后展开,双掌由头上向两侧劈击。目视前方(图4-71、72)。

图4-71

图4-72

动作要点:同35动作,唯方向反。

39.左弓步双撞掌

右腿落地后,左脚向前上一步成左麒麟步;右腿蹬伸成左弓步的同时,两掌由体侧向上侧推,两掌心侧向上,掌指相对。目视左上方(图4-73、74)。

图4-73

图4-74

动作要点:同36动作,唯方向反。

第六段 三环套月

40.扣腿合掌

左腿蹬伸,直立后收右腿扣于左腿腘窝处。同时,右掌自头顶云手向前下划弧置于左腋下,两臂合抱,两掌心向上,掌指朝外。目视右前方(图4-75、76)。

图4-75　　　　　　　　　　图4-76

动作要点:两掌合抱,含胸拔背蓄劲。

41.半马步撩勾

右脚向右侧跨步成偏马步。同时,右掌变丹凤勾自下向右撩出,勾尖向下,高与裆平。目视右勾(图4-77)。

动作要点:撩击时,重心向下沉偏右,力达勾背。

42.叉步双插掌(同28)

左脚向右脚后插步,身体稍左转。右掌回收与左掌在腹前交叉,并向前插掌,左掌在上,右掌在下,两掌心向上,掌指朝外。含胸拔背,目视前方(图4-78)。

动作要点:两臂交叉与插步要一致。

图4-77

图4-78

43.开步双劈掌(同29)

右脚提起向右侧开步落地。同时,双掌曲肘上架,经头上向身体两侧劈击,双掌掌心向外。挺胸立腰,目视右方(图4-79、80)。

图4-79

图4-80

动作要点:两臂交叉时要含胸收腹,上举时要交错蓄劲。两臂下劈时,两肩要后张、下沉,力达前臂及手背小指侧。前后动作要连贯。

44.叉步双插掌

同上动42(图4-78)。

45.开步双劈掌

同上动43,劈掌速度变快,力量变脆(图4-79、80)。

46.叉步双插掌

同上动42(图4-81)。

图4-81   图4-82   图4-83

47.弓步双劈掌

同上动33(图4-82、83)。

第七段　野马奔槽

48.乌龙翻身

右手顺时针自下划立圆抡劈一周至右侧,再以腰为轴随身体右转从下向后继续抡转半圈;左手由下顺时针随右臂抡劈(图4-84),再由后向前抡劈,两虎口朝上,力达掌下沿。目视左掌(图4-85、86)。上动不停,右臂继续上抡向前劈掌;左臂顺惯性从下向后抡半圈置于身后。然后,身体左转前倾,两掌虎口向上。目视前下方(图4-87)。

动作要点:双臂抡劈与身体转动协调一致,力达掌下沿。

图4-84　　　　　　　图4-85　　　　　　　图4-86

图4-87　　　　　　　　　图4-88

49.跪步双抱掌

随身体左转前倾,身体重心前移,左腿屈膝下蹲,右膝跪地。同时,双掌向前下方交叉搂抱于左膝前,掌心向内,虎口向上。目视前下方(图4-88)。

动作要点:含胸拔背,两臂交错抱紧搂抱来敌下肢。

50.提膝双挂掌

左腿蹬伸,重心后移于右腿站起,同时高抬左腿,大腿和小腿尽量折叠,脚尖上勾。同时,两掌分别向两侧分挂,右掌高过头,掌心斜向上;左掌至于左胯后侧,掌心向上,上体稍向右倾斜。目视左前方(图4-89)。

动作要点:左脚蹬地用力要适宜。手向两侧分开时,身体稍侧后仰,重心要稳,左脚心向前。

图4-89   图4-90

51.弓步撩阴掌

身体稍左转,重心前移,左脚前落成左弓步。同时,左手向前下方拍按,与裆同高;右掌由后向前撩击,掌心斜向前;左掌掌心向下,按于右小臂上。目视右掌(图4-90)。

动作要点:右掌随右腿蹬伸直臂用力前撩,击远,力达掌心。

52.并步托枪式

右脚抬起向左脚靠拢,屈膝并步震脚。同时,左前臂由右肘上侧向前掤挤,力达前臂和掌上沿;右掌屈肘顺劲收回,置于右腰侧,左右掌掌心均向上。目视左掌(图4-91)。

动作要点:托枪式双掌与右脚下震同时到位。

53.震脚双击掌

两腿屈膝,踝关节用力跳起不高于10cm,身体腾空后向左转体180°落地,屈膝双震脚(图4-92)。以腰胯扭转之力,右手侧立掌由腰右侧穿左掌心向前击出,虎口向上,掌指向前;左掌经腰左侧下摆至体后,与肩同高,虎口向上。目视右掌(图4-93)。

图4-91　　　　　　　　图4-92　　　　　　　图4-93

动作要点:震脚跳起不能过高,下震屈膝不能放松,力达脚跟;震脚与插掌同时发力,力达掌指。

54. 丁步滚臂

(1)身体稍左转,右脚横跨一步,脚尖点地成丁步;同时双臂内旋滚臂,右掌内旋下挂至裆前;左手屈肘经胸前下插至右侧腋下,双掌掌心向里,虎口斜向上。目视右前方(图4-94)。

图4-94　　　　　　　　　图4-95

（2）上动不停，身体右转，右脚顺势向前上步，身体稍后仰蓄劲。同时，右臂由后抢臂至头顶上侧，掌外延向前。目视前方（图4-95）。

动作要点：右掌稍屈臂内挂，虎口朝左，掌心向内；经左肩上侧时前臂内旋使掌心向外。

55.跨步劈掌

（1）重心前移，左腿蹬伸上步，两腿小步交替前行2步，右手由头顶向前摆捋掌，左掌后绕至肩上后侧。两手臂姿势不变，目视前方（图4-96、97）。

图4-96   图4-97

（2）上动不停，行至左脚在前时，右腿提膝上摆，重心迅速前移向前大跨步（图4-98）；左脚向前跟进半步成右麒麟步。同时，左掌抢臂经头顶向前下方发力劈掌，高与肩平，掌心向后，掌沿向下，力达掌下沿；右掌向前压掌后，经右胯外侧绕至肩后侧平举。目视左掌（图4-99）。

动作要点：左右臂如杠杆，但双臂微屈合腕，左臂的劈与右臂的挑同时发力后骤然停顿，力达左掌下沿。

图4-98

图4-99

56.抄手起脚

重心继续前移,左腿提膝上摆。右手屈肘向前穿掌,经左手腕上侧向前插掌,掌心向上,掌指向前(图4-100)。随即右脚蹬地,跳起腾空,并向前上方蹬右脚。同时,右掌向后摆臂将抓成勾,右臂向右后侧上举,勾尖朝下;左掌自右腋下向前抄手,并用左手背击打右脚背。目视左掌(图4-101)。

图4-100

动作要点:摆左腿蹬右脚要有力,腾空要尽量高,左掌上挑(抄)与右脚击碰要准,要有响声。

57.仆步拍掌

接上式,左脚垂直落地,右腿前伸成右仆步。上体下压,带动右臂向前抢臂半圈向右脚前拍打地面;左掌上挑后随身体下落向下摆臂,左臂经左腿外侧向后抢至身后成侧上举,与右臂成直线。右掌心向下,掌指朝前,目视右掌(图4-102)。

图 4-101　　　　　　　　　　　图 4-102

动作要点：拍掌要响，身体前倾。

第八段　连珠炮

58.双臂合抱

左臂外旋，左掌向右前方按掌；右臂屈肘内收与左前臂合抱于体前。目视右掌。

动作要点：两掌合抱，右掌在下，两掌掌心相对。

59.抬膝提拉

左腿用力蹬伸，重心提起。右掌变勾向头上提拉，同时，提起右膝，身体稍右转；左掌按于腰左侧，掌心向下。目视前方（图 4-103）。

动作要点：提右膝与右掌同时发力，身体直立后倾，带动身体右转。

60.翻身反劈

（1）身体继续右转，伸直左腿，上体稍后仰。同时，右勾变掌向身后反劈，掌指向上（图 4-104）；左掌随上体右转摆为侧上举，掌心向上。目视右掌。

图4-103

图4-104

（2）上动不停，身体继续向右转动，右腿落地同时，拧胯收左脚成右麒麟步。右掌前伸向内屈肘翻滚按掌，掌外缘向前；左掌在身后抡摆后向内滚臂，掌心向后与右臂成直线。目视左侧（图4-105）。

图4-105

动作要点：步法转化要连贯，手臂随身协调，圆滑。

61.麒麟步左劈挂掌

左脚提起向左前方上步，右脚前随成左麒麟步。同时，左手经体前逆时针抡臂一周向左前方捯压；右掌由后经头上直臂向左前方劈击，力达掌外延（图4-106）。上动不停，左掌下劈超越左膝后，左掌屈肘上挂置于右肩处，掌指向上；右掌置于左膝外侧，掌心向外。目视右掌（图4-107）。

动作要点：上步砍掌要借上下肢扭转发力，力达掌外延。

图4-106

图4-107

62.提膝按掌

提右膝后撤半步,身体右转180°。右掌由下向上朝后反劈一周至右平举,掌心向前;同时,左臂伸直随身体转动由后向上、向前按压与肩平,掌心向下。目视左掌(图4-108、109)。

图4-108

图4-109

63.并步挫面掌

左脚向前屈膝并步震脚。同时,右掌向前推出,掌指向上,掌心向前;左掌收至右大臂内侧,掌指向上。目视右掌(图4-110)。

动作要点:左脚屈膝震脚与右掌前挫同时发力,力达掌根。由于重心突然下降,右掌前推有下按之意为挫掌。

64.麒麟步滚臂

身体继续右转少于90°,右脚向右侧开步,左脚前脚掌着地成右麒麟步。同时,右掌掌心向上,向右前方伸出,以腰带臂内旋下滚,使右

图4-110

掌心向下;左掌由上向左腋下穿插,右臂内旋引背,掌心斜向后。目视左侧(图4-111)。

图4-111

图4-112

65.上步抡劈掌滚臂

(1)身体左转,左脚上一步,提起右膝。左臂在体前逆时针抡臂一周向左前方劈掌,右脚向前落地成左麒麟步(图4-112)。同时右掌以肩为轴由身体后侧向上向前划弧抡臂,掌向前下按。

(2)上动不停,身体继续左转。左掌由后屈臂内旋滚臂向前上方扣压,掌心向下;右掌内旋滚臂,掌心向后。目视右掌(图4-113)。

图4-113　　　　　　　　　　　图4-114

动作要点:步法转换要连贯,手臂内外滚臂随身协调、圆滑。

66.麒麟步右劈挂掌

右脚向体右侧上步落地成右麒麟步。右臂在体前顺时针抡臂一周向右前方劈掌,手心向前立掌劈至右大腿外侧;左掌紧跟右臂,向前直臂下劈至右膝外侧,掌心向右,力达掌外沿;右掌在左臂外侧屈肘上挂,掌心向左置于左肩上护脸。目视左掌(图4-114)。

动作要点:活肩转跨,上步砍掌要借上下肢扭转发力,力点在掌外沿。

第九段　倒发五雷和目望三见手

67.翻身上步右劈拳

(1)左掌抬起随身体左转180°直臂上举,右脚跟抬起外旋(图4-115)。上动不停,左掌随转体内旋180°向前下立劈至大腿左侧,力达掌外沿;右掌紧跟上抡直臂立掌于头上。目视前方(图4-116)。

(2)重心稍后移,左腿收回屈膝震脚;右脚向前勾踢后成右跋腿。同时,右掌变拳向前直臂下劈至右膝内侧,拳眼斜向前;左小臂顺势屈肘上挂,立掌于脸右侧。身体重心在左腿,右脚跟着地,右脚尖上翘。目视右拳(图4-117)。

图 4-115　　　　　　　图 4-116　　　　　　　图 4-117

动作要点:右拳直臂下劈与左脚下震、右脚向前勾踢同时发力,右脚跟擦地。

68.回身震脚左劈拳

(1)重心前移于右腿,左脚上前一步,脚尖内扣。右拳变掌抬起上举,随身体顺势右转180°,并向前下立劈至右大腿外侧;左拳变掌紧跟上抡直臂立掌于头上(图4-118、119)。

图 4-118　　　　　　　图 4-119　　　　　　　图 4-120

（2）上动不停，重心稍后移于左腿，右腿屈膝提起靠近左脚震脚；左脚向前勾踢。同时，左掌变拳向前直臂下劈至左膝内侧，拳眼斜向前；右小臂顺势上挑，立掌于脸左侧，掌心向左，掌指朝上。身体重心在右腿，左脚跟着地，左脚尖上翘；两腿右屈左直成左跛腿。目视左拳（图4-120）。

动作要点：左拳直臂下劈与右脚下震、左脚向前勾踢同时发力，左脚跟擦地。

69.擢打勾踢

身体重心前移，左拳变掌向前上划弧拍按（图4-121），右手曲臂向上、向后画立圆变顶心拳置于右侧腰后。上动不停，右脚向前勾踢，同时右拳曲臂向前上擢打；左掌下按于右肘窝上侧，掌心向下，四指向右。目视右拳（图4-122）。

图4-121　　　　　　　　　图4-122

动作要点：右拳擢打后屈肘上抬抡臂一周，右腿屈膝，脚尖外展勾踢，脚跟擦地。

70.提膝左掌上挑

接上式，身体重心前移，右脚屈膝下震（图4-123）。左掌缩身向前下插，随后提左膝，左掌翘掌上挑后屈肘回收于左膝之上，掌心由下向前,掌指朝上;右掌屈肘向上、向后、向下摆至腰右侧,掌心向上,掌指朝前。目视左掌(图4-124)。

图4-123　　　　　图4-124　　　　　图4-125

动作要点:左掌划立圆挑掌,肘膝相合。

71.马步按掌

身体重心前移,左脚向前上步成偏马步。左掌以腰带动向前推按掌,力达掌根和掌外沿。目视左掌(图4-125)。

动作要点:落脚与左掌同时发力,要有身体的靠挤之力。

72.提膝前托掌

左掌内旋向下按掌后屈肘外旋向上托掌,掌心向上,掌指朝前,高与肩平;右臂顺时针抬起画圆,经头上后摆成侧后上举,随左臂托掌,右掌直臂向后、向下压掌,稍高于肩时突然外旋180°,掌心斜向上。目视左掌(图4-126)。

动作要点:左掌下按后托掌路线为横向逆时针划立圆。

73.歇步下栽右拳

左脚向前落地,右脚提膝前摆,左脚

图4-126

蹬地跳起,身体左转90°;右脚落地后,左腿向后插步下蹲成右歇步。同时,右掌前摆屈肘变拳,经右耳侧向前斜下击打,小臂内旋,拳心向后,力达拳面;左掌经面前拍按立于右脸外侧,掌心向外,掌指朝上。目视右拳(图4-127、128)。

图4-127　　　　　　　图4-128

动作要点:向前跳起不宜过高,右拳借助重心下降发力下冲用钻拳,栽锤迅速有力。

74.转身提膝叼手

身体以左脚为轴左转150°,右脚屈膝抬起,身体左倾成侧平衡式。同时,左掌稍屈肘向前伸托起,掌心向上高于太阳穴,虎口朝前;右掌变鹤嘴由右下侧向左斜上方直臂叼抓,勾尖朝下,右前臂置于左掌之中。目视右爪(图4-129、130)。

动作要点:右腿屈膝提起与右掌叼抓同时完成,大小腿折叠与脚尖上勾成一平面,掌握身体平衡。右手变鹤嘴叼抓要迅速有力。

75.弓步双劈掌

身体稍右转,右脚落地成右弓步。同时,两掌向左右分掌下劈,与胯同高,掌心向外,力达掌背外沿。目视右前方(图4-131)。

图4-129

图4-130

图4-131

动作要点：劈掌有力，发声清脆。

76.弓步叼手

右腿蹬伸成左弓步。同时，左掌再次稍屈肘向左前伸托起，掌心向上高于太阳穴；右掌变鹤嘴由下向左斜上方直臂叼抓，左掌向上托起至右上臂处，虎口朝前。目视右爪（图4-132）。

动作要点：右腿蹬直，右手变鹤嘴叼抓要迅速有力。

77.仆步穿掌

图4-132

身体稍右转，左腿屈膝成右仆步。同时，右爪变掌下按至左腋下，左掌经右掌上侧向后穿出，掌心向上。上动不停，右掌向下穿至右脚内侧，虎口向上，掌指朝前。目视右掌（图4-133）。

78.并步托枪式

右脚尖外展，重心前移于右脚，身体向右转正，左脚提起并步震脚（图4-134）。同时右掌上托，左掌由腰左侧经右肘下向左前方穿出，虎口朝前;右掌屈肘收至腰右侧成托枪式,两掌掌心向上。目视左掌(图4-135)。

图4-133　　　　　　　图4-134　　　　　　　图4-135

收式

1.摆扣步转身穿左掌:前摆左脚,右掌向左前上方贯击,掌心向下;左掌收至右腋下,掌心向外,目视右掌(图4-136)。上动不停,以左脚跟为轴左转,右脚摆扣步向左后转一周。同时,左掌随身体转动经右肘下侧由前向后捋掌一周,右掌划弧线收至右腋处。目视左掌(图4-137)。

图4-136　　　　　　　图4-137　　　　　　　图4-138

2.左虚步亮掌：身体稍左转，右脚全脚掌着地踩实；左脚尖前移内扣点地成左虚步。同时，右掌向右上摆架于头上，掌心向上；左掌在面前自左向右划弧拍按，经右胸前向左下侧划弧线下捋（老叟整须），停至左胯侧，掌心向上。目视左前方（图4-138）。

图4-139

3.弓步穿掌：重心后移，左腿后撤一步。两掌由体侧外旋收至腰侧，再经腋下向前上方插掌成侧上举，手心朝上。目视前方（图4-139）。

4.开步侧平举：右脚继续向右后撤一步，双臂下摆经腰侧向外成侧平举，掌心朝上。上体稍右转，目视右掌（图4-140）。

图4-140　　　　图4-141　　　　图4-142

5.并步按掌：收左脚与右脚并齐，两手屈肘内收经面前按至腹前，掌指相对，掌心朝下。向左转头，目视前方（图4-141）。

动作要点：动作要慢些，肢体比较放松、圆滑，按掌时要挺胸收腹，呼气立直，不要松懈。

6.并步直立：两掌自然下垂于大腿两侧，掌心向里。目视前方。

第五章 西北劈挂拳二路

第一节 套路动作名称

起式

第一段

1. 马步双冲拳
2. 搅臂托掌弓步撩阴
3. 提膝亮掌
4. 行步左穿掌
5. 左右横砍掌
6. 上下撑按掌
7. 裹肘跪步栽拳
8. 青龙出水右冲拳

第二段

9. 左右勾踢冲拳（开弓式）
10. 勾踢平抄拳
11. 反手劈拳
12. 蹶子腿
13. 庚子腿
14. 翻身勾踢劈拳
15. 青龙出水右冲拳

第三段

16. 舞花云手双抱掌
17. 后劈掌撩腿
18. 行步右穿掌
19. 弓步插掌
20. 穿心腿
21. 挂膝右砍掌

22.撤步后坠(千斤坠)　　　　23.歇步架推爪

第四段

24.右左勾踢后拽　　　　25.并步上冲拳(冲天炮)

26.歇步下插拳　　　　27.转身上抛拳

28.屈膝后撩掌　　　　29.回身提膝缠颚掌

第五段

30.麒麟步连环冲拳　　　　31.弓步顶肘

32.左右捋挤式　　　　33.进步挤掌

34.转身撩掌　　　　35.歇步后拽

第六段

36.左蹬脚　　　　37.右里合腿

38.右左上格下截　　　　39.野马奔槽

40.抄手起脚　　　　41.砸丁

第七段

42.左单劈手　　　　43.倒发五雷

44.青龙出水右冲拳

第八段

45.震脚勾踢　　　　46.袖腿(叶里藏花)

47.转身上步挫面掌　　　　48.寒鸡腿左右撩掌

49.弓步双穿掌　　　　50.跳步双劈右切掌

51.跳步双劈左切掌　　　　52.独立挑掌

53.外摆莲　　　　54.砸丁

收式

第二节　套路动作图解

起式

1.并步抱拳:面向南成立正,脚尖并拢。两手握拳,大小臂微屈,两拳拳心向里。目视左前方(图5-1)。

图5-1　　　　　　　图5-2　　　　　　　图5-3

2.退步双掐掌:右脚向右后退一步,身体稍左转。两掌胸前交叉,左手在上,右手在下,两掌心向上。目视前方(图5-2)。

3.弓步捋手:身体右转向后移重心成右弓步,同时两掌随身体分别向左右平捋雁展,高与胯平,掌心向下。目视左掌。

4.并步抱拳:并左腿成屈膝直立抱拳,拳心向里,大小臂屈曲成弧,挺胸稍向左拧。目视左方(图5-3)。

5.上步下蹲双插掌:右脚向前上一小步外摆足尖,屈膝下蹲。同时,左右掌向前下交叉插击,右掌在上,两掌心斜向上。目视左掌(图5-4)。

6.提膝双挂掌:提左膝成右腿独立,同

图5-4

时,两掌向两侧分挂,右掌高过头,掌心斜向上,上体稍向右后倾;左腿屈膝抬起,脚尖稍翘起。目视左前方(图5-5)。

图5-5　　　　　　　　图5-6　　　　　　　　图5-7

7. 背穿亮掌:右腿屈膝下蹲,左脚落地成左仆步。同时,双掌经胸前向左、右腋下插出,然后翻掌置于体后,掌心向下。上体挺胸向左拧转,目视左前方(图5-6)。

8. 虚步冲拳:重心抬起,收左脚半步成左虚步。同时,左手立掌由后向前拍按,高与肩平,掌心向右(图5-7);右掌变拳屈肘向右前方冲钻拳,拳眼朝下,拳背向左。目视左前方(图5-8)。

图5-8　　　　　　　　图5-9　　　　　　　　图5-10

9.上步跳起双穿掌:重心前移,左脚上一步,同时,两掌向两侧划平圆分掌(图5-9)。上动不停,右脚向左前方上步落地并提左膝跳起。双掌变仰掌由后经腰肋两侧随左腿蹬伸腾空向前方穿出,掌心斜向上。目视双掌(图5-10)。

10.马步双抱拳:随身体下落,双掌下摆经腰肋向后屈肘抓握变拳,双脚同时落地屈膝半蹲成马步。双肘下沉,拳背向上,拳面分别向外,高与肩平。目视左拳(图5-11)。

动作要点:手步协调一致。

第一段

1.马步双冲拳

两拳同时向两侧平冲出,然后两拳变掌,掌心向外。目视左掌(图5-12)。

图5-11

图5-12

图5-13

2.搅臂托掌弓步撩阴

(1)左臂逆时针搅臂划弧一圈托掌;同时,右臂外旋搅臂划弧一圈(图5-13)。

(2)上动不停,左足尖外撇,右腿蹬伸成左弓步。同时,右拳变掌,经右下侧向前撩掌,掌心斜向前;左掌拍按在右臂上,掌心向下。目视右掌。

动作要点:右臂尽量伸直,撩远。

3.提膝亮掌

身体稍左转,重心下沉,双臂交错成双抱掌(图5-14)。重心迅速移至右腿,左腿提起成右腿独立式,左膝横立胸前,左脚勾脚尖,脚心朝向前。同时,两手向两侧分开外展,右手高,左手低,成侧身平衡,手心均朝前上。目视前方(图5-15)。

图5-14　　　　　　　　　图5-15

动作要点:左脚蹬地用力要适宜。手向两侧分开时,身体稍向后仰,独立腿要稳。

4.行步左穿掌

(1)身体突然右转,随即重心前倾下降,左脚向右前方落地。同时,左手屈肘仰掌经左肋侧、胸前、右臂腋下弧形向右前方穿出,掌心向上,掌指向前;右臂内旋,曲臂外撑,掌心斜向上。目视左手方向。

(2)上动不停,左右脚连续弧形前行5步,边走边将右臂外撑(图5-

16~19)。

图 5-16

图 5-17

图 5-18

图 5-19

动作要点:穿掌时要弧形前穿,即要求手臂向前穿的同时要使手臂含有向外的横劲,右掌要有向外的撑劲和向后的捋劲。另外,步法要快,用腰牵动手臂和脚步,使动作协调。

5.左右横砍掌

(1)前行5步,第6步右脚在前成右弓步,右掌心向后,左掌心向上。目视左掌(图5-20)。

图 5-20　　　　　　　　图 5-21　　　　　　　　图 5-22

（2）左脚上步，上体向左拧转，右脚向左脚后侧插半步。带动两手臂向左侧平摆，左手内旋270°后摆至左侧身后，掌心向外，掌指向前；右掌外旋90°自右向左平砍，手摆至身前偏左，手心朝上，力达掌下沿。目视右掌（图5-21）。

（3）上动不停，右脚上步向右侧开步，上体向右拧转，随后左脚向右脚后侧插半步。同时，带动两手臂向右侧平摆，右掌内旋270°自左向右平捋，摆至右侧身后，掌心向外，掌指向前；左掌外旋270°自左向右平砍，手摆至身前偏右，手心朝上，力达掌下沿。目视左掌（图5-22）。

动作要点：行步时步法要连贯，手臂随身协调、圆滑。插步砍掌要借上下肢扭转发力，力点在掌下沿。

6. 上下撑按掌

（1）左脚上前一步，两手臂屈肘回收，左掌内旋平置于胸前，手心向下，掌指朝右；右掌下摆外旋平置于腹前，手心朝上，掌指向左（图5-23）。

（2）上动不停，右脚向左腿并步震脚，两腿屈膝，上体稍左转。同时，右掌内旋经胸前向上撑起，掌心向上高过头顶；左手向下按于腹前，手心朝下。目视前方(图5-24)。

动作要点:并步上撑下按要有力,身体立直。

7.裹肘跪步栽拳

(1)右脚提膝上步,右手下行在面前拍按后经胸前摆至左腹前,拳心朝下;左手弧线从身体左侧抬起并屈肘握拳立于左胸前。目视前方(图5-25)。

图5-23　　　　图5-24

图5-25　　　　图5-26　　　　图5-27

(2)上动不停,右脚落地,左脚提膝上步,右脚蹬地向前垫步,身体向上拔起。同时,左拳向右裹肘后向下、自右向左搂膝,然后上摆举至头上,拳心朝前;右手向下摆至右腰上侧,拳心朝下。目视前下方(图5-26)。

(3)身体重心突然下落,左腿上步屈膝踏实,右腿屈膝成跪步,右脚前脚掌着地。同时,左臂内旋屈肘上架于头顶;右拳向前下方栽锤,拳面斜向下,拳眼斜朝前。目视前下方(图5-27)。

动作要点:上步要急,栽锤迅速有力。

8.青龙出水右冲拳

（1）提起重心，右脚向前上半步，摆左腿向前垫步；右腿蹬伸使身体腾空，同时身体右转90°。左拳变掌经头上向右盖掌，置于右腋下，掌心朝下；右手变掌向上立起顺时针划圆一周，经左臂内侧上穿成侧上举（图5-28）。

图5-28　　　　　　　图5-29　　　　　　　图5-30

（2）上动不停，身体落下，右脚先落地屈膝下蹲，左脚向前落地成左仆步。左手下穿经腹前立掌，再沿左腿前穿置于左腿前侧；右掌向后伸直侧上举，掌心向下。目视左掌（图5-29）。

（3）上动不停，右腿蹬伸成左弓步。同时，左右掌依次抡臂上撩，两手臂成斜平举，力达掌上沿。目视前方右手（图5-30）。

（4）上动不停，右手向上、向后摆臂；左手向下、向前摆臂撩击（图5-31）。动作不停，两臂向后绕环共2圈，两掌上沿交替上撩共5次（图5-32）。

图 5-31

图 5-32

图 5-33

图 5-34

（5）左掌第 3 次向前撩击后，上体突然右转 180°；右掌自上向下劈击后变拳收于右腰侧，左掌上摆于头上内旋，架掌于头顶，掌心向上（图 5-33）。随左腿蹬伸成右弓步，右拳自腰间向前冲直拳，拳眼朝上，力达掌面。目视前方（图 5-34）。

动作要点：前跳不在高，而在平远。穿掌、抢臂要迅速有力。

第二段

9.左勾踢冲拳（开弓式）

（1）重心前移于右腿，左掌变拳下拉置于右腋下（图 5-35）。上动不停，右腿屈膝支撑，提左膝屈腿向右上方勾踢，脚尖朝上，稍内扣；同时，右臂回拉屈肘向右后顶肘；左拳擦右臂下侧向前冲拳，拳面向前，高与胸平。目视左拳（图 5-36）。

（2）重心前移于左腿屈膝支撑，右拳下拉置于左腋下。提右膝屈腿向左上方勾踢，脚尖朝上，稍内扣；同时，左臂回拉屈肘向左后顶肘；右拳擦左臂下侧向前冲拳,拳面向前,高与胸平。目视右拳(图5-37)。

 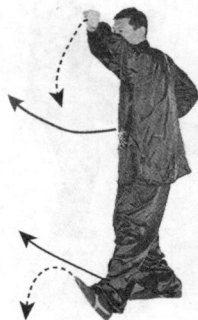

图5-35　　　　　　　图5-36

图5-37　　　　　　　图5-38

（3）重心前移于右腿,重复左勾踢冲拳。目视左拳(图5-38)。

动作要点:前脚碾脚助力,转身、勾踢和冲拳要协调一致。上肢顶肘平冲拳如拉弓射箭,冲拳力达拳面,并勾踢来敌之腿阻止其后撤。

10.勾踢平抄拳

重心前移于左腿,提右膝屈腿勾脚尖向左上方勾踢。同时右拳向前、向左平抄拳,拳背向上(或用巴子拳,拳眼朝上)。两臂屈肘相合,前臂交叉置于胸前,右臂在上。目视前方(图5-39)。

图 5–39   图 5–40

11. 反手劈拳

接上式，左脚尖外撇，身体左转；右脚尖内扣点地，右脚掌点地。同时，右拳以肘为支点向前反手劈拳，拳心朝上，力达拳背；左拳经腰间直臂向后摆臂成侧平举，拳心朝上。目视右拳（图 5–40）。

动作要点：转体、摆胯与右拳后劈协调一致。

12. 蹶子腿

两拳内旋变掌，掌心斜向右；同时右脚屈膝后撩，力达脚后跟。目视前下方（图 5–41）。

图 5–41   图 5–42

动作要点：蹶子腿即后撩腿，以脚跟撩敌裆部，不需要过高过远。

13.庚子腿

（1）待右脚落地后，重心后移于右腿，提起左膝，身体前倾（图5-42）。

（2）上动不停，右掌屈肘经左臂上侧向前穿掌成前平举，掌心斜向上；左掌曲臂向后摆动，同时左脚向后蹬出，力达脚跟。目视左脚（图5-43）。

图5-43　　　　　　图5-44　　　　　　图5-45

动作要点：庚子腿即后蹬腿，右掌前穿，左掌后摆与后蹬脚要同时完成，塌腰敛臀，头要左转抬起向后看，保持身体平衡。

14.翻身勾踢劈拳

右脚跟外旋，顺势身体左转翻身，左脚向前落地成高虚步。右掌高举变拳（图5-44）。上动不停，重心前移于左脚，左腿屈膝踩实后，右脚向前勾踢成右坡腿。同时，左掌屈肘上挂，立于右脸外侧，掌心向右，掌指朝上；右拳直臂向前下劈拳，拳眼朝前立于裆部前侧。目视前方（图5-45）。

动作要点：翻身时右腿内旋与蹬伸要同时进行，劈拳与挂掌交错发劲，力达拳下沿。

15.青龙出水右冲拳

抬起重心，身体右转90°，左脚提膝前摆，右腿蹬伸跳起。右臂以肩为轴向后抡一周，立掌于右腰侧；左掌屈肘抬起经头顶向右肩上盖掌（图5-46）。上动不停，接提膝穿掌同动作8（图5-47~53）。

图5-46

图5-47

图5-48

图5-49

图5-50

图5-51

图5-52

图5-53

动作要点:同上动8。

第三段

16.舞花云手双抱掌

左脚向前上步,左掌屈肘下按平置于胸前;右拳上惊下取,先向左平抄拳后成两臂交叉,右臂在上(图5-54)。然后双臂同时屈肘顺时针绕臂半周云手,随左腿屈膝下蹲,两拳变掌向前下插掌搂抱于左膝前,双掌掌心向后,虎口朝上,右臂在下。目视前下方(图5-55)。

图5-54　　　　　　　　　图5-55

动作要点:右拳上击后下翻搂抱来敌之腿,下蹲与搂抱要快速协调,两臂打开不宜过大,稍屈肘。

17.后劈掌撩腿

左腿蹬伸,重心迅速提起(图5-56)。右臂上抬经头上向后直臂劈掌,力达掌背;同时,右腿屈膝向后撩击,大小腿折叠,脚尖朝后;右掌背拍击右脚背外侧,同时左掌前伸保持身体平衡,掌心朝上。目视右掌(图5-57)。

动作要点:右腿向后撩击与右掌后劈同时发力,右腿勾脚尖外展。

图 5-56   图 5-57   图 5-58

18.行步右穿掌

（1）重心迅速前移,右脚向左前方落脚,随即重心前倾。同时,右掌屈肘仰掌经肋侧、胸前、左臂腋下弧形向左前方穿出,手心向上,掌指先朝左再向前。左臂内旋,左掌屈臂外撑,掌心斜向上。目视右手方向（图5-58）。

（2）左右脚连续弧形向前行走5步,边走边将左臂外撑和后捋（图5-59~62）。

图 5-59   图 5-60   图 5-61

动作要点:穿手时要弧形前穿,即要求手臂向前穿的同时要使手臂

含有向外的横劲,左掌要有向外的撑劲和向后
的捋劲。另外,步法要快,用腰牵动手臂和脚
步,使动作协调。

19.弓步插掌

接上动,上左步身体稍右转。同时,右手
弧线向后平摆,右臂屈肘内旋,右手经右耳侧
仰掌(图5-63);待左臂屈肘在面前拍按后,右
掌经左臂上侧向前俯掌插出,手心朝下;左手
掌心向下回收横贴于右大臂下侧。目视右掌(图5-64)。

图 5-62

图 5-63

图 5-64

图 5-65

动作要点:右手心朝上,由身体后侧向上卷曲小臂前推,至耳侧时,
手心朝下后快速前插,力点在手指尖。手臂与脚步动作一致。

20.穿心腿

两手掌外分抓握变勾,分别向头顶外上侧提拉。同时抬右膝靠近
胸部,勾脚尖向来敌面颈部蹬踹,力达脚跟。目视右脚(图5-65)。

动作要点:穿心腿即上蹬腿。蹬腿时身体前倾,左脚支撑要稳,力
达右脚跟。

21.挂膝右砍掌

(1)右脚屈膝迅速下落,全脚掌落地震脚。随后,左膝高抬,同时双勾变掌向左膝前交叉下摆搂膝,双掌掌心向内,虎口朝上,右臂在里(图5-66)。

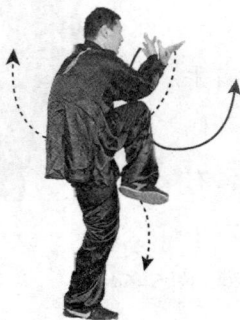 

图5-66   图5-67

(2)上动不停,左掌向下,向左摆掌,然后变勾抓握向左上方提拉,勾尖朝下。右掌向下、向右、再向上划弧置于右肩上,随左脚横开一步落地成左弓步之时,右掌向左下方砍掌,掌心斜向左,掌尖朝前,力达掌下沿和掌根。目视右掌(图5-67)。

动作要点:震右脚同时提左膝,两臂向下搂膝时,身体重心前倾,右掌下砍发右脚蹬伸拧胯之力。

22.撤步后坠(千斤坠)

重心右移,身体直立,左脚向右脚后撤插步。同时,左勾变掌向左前方摆掌下按,右手立掌顺时针缠腕,双手抓握经腰右侧向后猛拽,两拳心向上,拳眼斜向前。右脚随左脚向后蹬踏滑动。目视前方(图5-68、69)。

动作要点:左脚向右后插步蹬踏与双手抓握向后拽拉同时发力,力猛劲整。

图5-68　　　　　　　　　　图5-69

23.歇步架推爪

重心前移,左脚上一步。左拳变横掌经腰侧向前上方摆臂上挑,虎口朝下;右拳变爪收于腰间(图5-70)。上动不停,右脚向左腿后侧插步下蹲成歇步,顺势身体右转180°。随重心下降,左掌屈腕内旋摆于头顶上架掌,掌心朝上;同时,右爪向前推出,虎口朝左,爪心向前。目视右爪(图5-71、72)。

图5-70　　　　　　图5-71　　　　　　图5-72

动作要点:推爪有力,歇步下蹲重心要稳,稍作停顿。

第四段

24.右左勾踢后拽

（1）重心抬起前倾，左腿弯曲踩实，脚尖外展，身体稍向左转。两掌前伸抓按，虎口向前，掌心斜向下（图5-73）。右腿曲膝提起向左前方勾踢，脚尖上勾，脚跟擦地。同时，双手握拳屈肘向右腰后侧下拽，拳眼向前，拳心相对。目视左前方（图5-74）。

图5-73   图5-74

（2）重心前移于右脚，脚尖外展，上体稍右转。同时双手变掌自腰侧向后、向上经肩上向右前方摆掌，虎口向前，掌心斜向下（图5-75）。上动不停，右腿屈膝支撑，左腿曲膝提起向右前方勾踢，脚尖上勾，脚跟擦地。同时双手握拳，屈肘向左腰后侧下拽，拳眼向前，拳心相对。目视右前方（图5-76）。

（3）重心前移于左脚，脚尖外展，上体左转。同时双手变掌自腰侧向后、向上经肩上向左前方摆掌，虎口向前，掌心斜向下（图5-77）。左腿屈膝支撑，右腿曲膝提起向左前方勾踢，脚尖上勾，脚跟擦地。同时双手握拳屈肘向右腰侧下拽，拳眼向前，拳心相对。目视左前方（图5-78）。

图 5-75

图 5-76

图 5-77

图 5-78

动作要点：勾踢与拽拉同时发力，发出上下肢交错之力而保持身体平衡。(1)(3)动作为右勾踢后拽，(2)动作为左勾踢后拽。

25.并步上冲拳（冲天炮）

左脚向前上步，脚尖外展，重心前移，上体左转90°。同时左手变掌抬起向前拍按，提右膝靠近左腿后并脚下震；右拳自腰间向前、向上冲拳，拳心向上，拳面侧向前。目视右拳（图5-79、80）。

动作要点：震脚时两腿屈膝，与右冲拳同时发力。

图 5-79　　　　　　　图 5-80

26.歇步下插拳

右脚向右侧开步,提左膝向右脚后侧插步下蹲,随重心下降右拳屈肘内翻经左臂内侧向右后下侧插拳,拳面向下;左手横掌前按,立掌置于脸颊右侧,掌心向右,掌指朝上。斜视右拳(图 5-81、82)。

图 5-81　　　　　　图 5-82　　　　　　图 5-83

动作要点:右拳借重心下降之力下插,拳眼斜向后,力达拳面。

27.转身上抛拳

身体自然立起,同时以左脚掌为轴左转270°。左手经面前向上高举,掌心向前。右拳随身体旋转经右腰侧向前向上抛起,屈肘击打左掌掌心,拳眼向下。左掌按于右拳背,身体重心在左腿,目视前上方(图5-83)。

动作要点:先转身,后向上抛拳,腹部由合到展,在转体中使右手臂贴身而过,形成立圆动作,以加大上抛力。重心高抬,右脚尖点地,目光由下往上看。

28.屈膝后撩掌

提右膝,右脚靠近左脚后并步震脚,两腿屈膝下蹲。右拳变掌直臂向下劈击经右腿外侧摆向身后撩掌,掌心向左,掌下沿朝上。目视右下方(图5-84)。

动作要点:右掌由头上向后摆动时,含腰拔背,借身体下蹲向后撩击。

图5-84

29.回身提膝缠颚掌

(1)重心提起,右掌直臂向前上方抡起至头顶上(图5-85)。上动不停,左脚向右前方上步,脚尖内扣,身体向右转体180°;右腿屈膝向上提起,脚尖上翘朝右。同时,右掌向前拍压,缠腕抓握后向右侧屈肘拽拉;左掌屈肘自左肩上向前切掌,掌心斜向前,掌指朝右;右拳半握收于右

图5-85

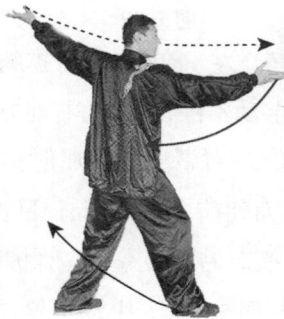
图5-86

图5-87

肩侧,拳眼朝上。目视左掌(图5-86、87)。

动作要点:右臂向后抡劈与转体协调一致,右拳拽拉与左掌前推交错用力,左掌高与肩平,力达掌外沿。

第五段

30.麒麟步连环冲拳

(1)重心前移,右脚向前上半步,右肘扩胸后拉蓄势;左掌前伸立掌拍按(图5-88)。上动不停,左脚向左前方跨一大步,右脚前随半步后前脚掌着地成左麒麟步;同时左掌拍按后屈肘回拉立于右胸前,掌心向右,掌指朝上;右拳自右肩上向前方平冲拳,拳面朝前,拳背向上。目视右拳(图5-89)。

图5-88   图5-89   图5-90

(2)接上式,提右膝前摆。左掌变拳,左肘扩胸后拉蓄势;右拳变掌前伸立掌拍按(图5-90)。上动不停,右脚向右前方跨一大步,左脚前随半步,前脚掌着地成右麒麟步;右拳变立掌屈肘拍按置于右胸前,左拳自左肩上向前方平冲拳,拳面朝前,拳背向上。目视左拳(图5-91)。

(3)接上式,提左膝前摆。右掌变拳,右肘扩胸后拉蓄势,拳心向下;左拳变掌前伸立掌拍按(图5-92)。上动不停,左脚向右前方跨一大步,右脚前随半步,前脚掌着地成左麒麟步。左拳变立掌屈肘拍按置于右胸前,掌指朝上;右拳自左肩上向前方平冲拳,拳面朝前,拳背向上。
目视右拳(图5-93)。

图5-91　　　　　　　　图5-92　　　　　　　　图5-93

动作要点:麒麟步上步快速、轻盈,两腿弯曲,重心较低,冲拳发腰
腿之力,重心前倾。

31.弓步顶肘

身体左转90°,右脚提起。右拳立肘向左掌裹肘靠击(图5-94),左
掌拍击右肘外侧,掌心向右,虎口朝上。动作不停,右脚向前上一步,左
腿蹬伸成偏马步。随左腿的蹬伸,右肘平放,肘尖向右侧顶击;左前臂
立起格挡,掌心向后,掌指朝上。目视右侧(图5-95、96)。

图5-94　　　　　图5-95　　　　　　　　图5-96

动作要点：偏马步左脚前掌着地，便于发力和向右移动。顶肘前上体含胸内敛，顶肘时挺胸外展，左腿蹬伸与右肩、肘发力通达。

32.左右挒挤式

（1）身体向右转90°，双手随即变掌向前摆伸，手指朝前上，左掌心向前下，右掌心向上置于左臂下侧成阴阳掌（图5-97）。然后上左脚靠近右脚成丁步，身体右转时两掌下挒，左手向右下挒至右髋斜前方，右手继续向后上方划弧，直至右手高与肩平，右掌屈肘折回前推，手心向前；同时左掌沿身体右侧上升，使左臂平置于胸前与右手相合，掌心向后。目视前方（图5-98）。

| 图5-97 | 图5-98 | 图5-99 |

（2）上动不停，上体微向左转，右腿蹬伸，左脚向前跨一大步，右脚前随，前脚掌着地成左麒麟步。右手附于左手腕里侧向前迅速挤出，左手心向后，右手心向前，左前臂要保持半圆。目视左手腕部（图5-99）。

动作要点：双手向左前方摆伸时，上体不要前俯，双掌下挒后拽时，要配合身体右转从左上方向右下方弧线挒带，不可直线回抽。两掌相合在胸前稍停留，两掌前挤发力在麒麟步右脚落地蹬伸的同时，两臂要撑圆，身体稍前倾。

（3）身体微向左转，双手随即向前摆伸，手指朝前上，右掌心斜向下，左掌心向上置于右臂下侧成阴阳掌（图5-100）。然后右脚上半步成右虚步，身体稍左转；两掌下捋，右掌向左下捋至左髋斜前方时，左手继续向后上方划弧，直至左手高与肩平后屈肘折回前推，掌心向前；同时，右手沿身体左侧上升，使右臂平屈于胸前与左掌相合。目视前方（图5-101）。

图5-100　　　　　　　图5-101　　　　　　　图5-102

（4）上动不停，上体微向右回转。左腿蹬伸，右脚向前跨一步，左脚相随，前脚掌着地成右麒麟步。同时，左掌按于右手腕内侧向前迅速挤出，右掌心向后，左掌心向前，右前臂要保持半圆。目视右手腕部（图5-102）。

动作要点：同与右捋挤式，唯方向反。

33.进步挤掌

（1）身体稍向右转，双手随即向前摆伸，手指朝前上，左掌心向前下，右掌心向上置于左臂下侧成阴阳掌（图5-103）。然后上左脚一步成高虚步，身体右转时两掌下捋至右髋斜前方，双掌屈肘抬起翻转后向右前方摆伸，手指均朝前上，右掌心向前下，左掌心向上置于右臂下侧成阴阳掌（图5-104）。

图5-103　　　　　　　图5-104　　　　　　　图5-105

（2）上动不停,然后上右脚一步成高虚步,身体左转时两掌下捋至左髋斜前方,左掌继续向后上方划弧,直至左掌高与肩平,左臂屈肘折回前推,掌心向前。随上体右转,右手沿身体左侧上升,使右臂平屈于胸前与左掌相合,掌心向后。目视前方(图5-105)。

（3）上动不停,上体面向前方,右脚迅速向前跨一大步,左脚前随半步成右麒麟步。左腿蹬伸,左掌按于右手腕内侧向前迅速挤出,右手心向后,左手心向前,右前臂要保持半圆。目视右手腕部(图5-106)。

动作要点:双手左右双捋划"∞"形,摆动幅度较小,配合身体右左旋转幅度也不大。

图5-106

两掌相合在胸前稍停留,前挤发力在麒麟步左脚落地蹬伸的同时,身体稍前倾,重心较低,双臂撑圆。

34.转身撩掌

右脚跟外旋蹬伸,身体左转180°。顺势左掌向下、向后搂膝,再屈肘上摆顺时针划弧,左掌摆至胸高后立掌内旋做拍按动作(图5-107);

左脚上前半步成左弓步,同时,右掌经右大腿外侧向前撩掌,掌心向上,掌指朝前;左掌按于右前臂上侧,掌心向下,掌指朝右。目视右掌(图5-108)。

图5-107　　　　　　　　　　　图5-108

动作要点:撩掌力点在掌跟部,高与裆平。

35.歇步后拽

(1)右臂内旋,右掌自左掌下翻上,右掌掌心向下,掌指向前;左掌附于右前臂下侧,掌心向上,掌指向右(图5-109)。

图5-109　　　　　　　　　　　图5-110

(2)上动不停,左脚向右脚后侧插步下蹲成歇步。右掌抓握变勾向右后侧下拽并后摆。右勾尖朝下稍高于肩;左掌立于右肩前侧,掌心向右,掌指朝上。目视前方(图5-110)。

动作要点:向后拽拉与左脚插步蹬踏同时发力。

第六段

36.左蹬脚

(1)身体立起稍左转,左脚向前一小步,重心前移,提右脚再向前跨一步。同时,左手平掌置于右胸前,掌心向下,掌指朝右(图5-111);右勾变掌屈肘下拉于右腹前,掌心向上。

图5-111　　　　　　　　图5-112

(2)上动不停,右掌经左掌下侧向前插掌,掌心向上,力达掌指;左掌伏掌下按于右大臂之下。目视右掌(图5-112)。

(3)左脚提膝前蹬,力达脚跟。同时,左掌向前切掌,掌心向下,掌指向右,力达掌下沿。右掌顺势屈肘后拉,掌心向上。目视左掌(图5-113)。

图5-113　　　　　　　　图5-114

动作要点:蹬脚与切掌同时发力,力达脚跟与掌外沿。

37.右里合腿

左脚下落后摆,左脚着地时,脚尖外展,向左转体180°,将重心移至左腿;踢右腿内摆,使右脚经面前向左摆踢,至面前时,左手立掌拍击右脚背内侧。右掌先高举,然后自然下落,随身体左转一周;左掌击拍后,右脚继续向左侧弧线落地,左掌立于右胸前。目视前方(图5-114)。

动作要点:要发挥转体的力量,把腿摆起,摆腿时左脚随之转动,使上下顺达。

38.右左上格下截

(1)右脚向右前方跨一步,左腿屈膝下沉成半跪步,左脚前脚掌内扣着地。同时,右臂自右侧经腹前顺时针向上、向右格挡后立于右肩外侧,右手握拳,拳心向后,拳眼向右;左臂自右胸前向下经腹前向左侧下截,左手伸腕握拳,拳心向左,拳眼向后。目视左前方(图5-115)。

图5-115　　　　　　　　　　图5-116

(2)上动不停,左脚向左侧横跨一步,右腿跟半步屈膝下沉成半跪步,右脚前脚掌内扣着地。同时,右臂向左、向下经腹前逆时针向右下截,拳心向右,拳眼向后;左臂自腰侧向右、向上经胸前向左格挡后立于左肩外侧,拳心向后,拳眼向左。目视右前方(图5-116)。

动作要点:左右臂屈肘在腹前交错后同时发力。

39.野马奔槽

(1)提右脚收回,脚尖点地成丁步,同时身体左转引背(图5-117)。左臂内旋,左掌前伸翻掌拍按,高与肩平;右臂内旋下滚,右掌心内旋向上翻。目视右前方(图5-118)。

图5-117　　　　　　　图5-118　　　　　　　图5-119

(2)上动不停,右掌经下向前顺时针抬起后抢臂一周向前劈掌,同时身体右转180°,重心前移。目视前方(图5-119)。

(3)上动不停,左脚向前上一小步,右腿提膝向前跨一大步,脚跟先着地成右大跨步。左掌自后经头上前抢劈掌,力达掌下沿,掌心侧向后且高与肩平;右掌下行经腰侧向后抢起,高与肩平后停止,掌沿向下,掌心侧向前。目视左掌。(图5-120~122)。

动作要点:上步要急,跨步要大,左掌前劈后骤停,力达掌下沿。

图 5-120

图 5-121

图 5-122

40.抄手起脚

重心前移于右脚,左腿提膝上摆。右手屈肘向前穿掌,经左手腕上侧向前插掌,掌心向上,掌指朝前(图5-123);左掌附于右大臂下侧,掌心向上,虎口朝前。随即右脚蹬地,使身体腾空,右脚向前上方蹬踢。同时,右掌变勾向后提拉成侧上举,勾尖向下;左掌自右腋下向前抄手,并用左手背击打右脚背。此后,身体左转90°,左脚垂直落地,右腿提膝成左腿独立;两臂下落后交叉相抱于腹前,右臂在下,两手握拳,拳眼向上,拳心向后。目视前方(图5-124)。

图 5-123

图 5-124

动作要点:摆左腿蹬右脚要有力,腾空要尽量高;左掌上挑(抄)与右脚击碰要准,要有响声;空中时上体要下压,气要下沉,力点在右脚尖。

41.砸丁

左脚先落地,右腿屈膝下落时震脚(图5-125);同时,左脚向左伸出成左坡脚,脚跟着地,脚尖上翘。两臂外分向两侧横击成反臂锤,两拳眼朝上,右臂高于左臂与左腿成一线。目视左方(图5-126)。

图5-125   图5-126

动作要点:横击由含胸拔背到扩胸外分,全身发力,力达拳背,力猛劲沉。

第七段

42.左单劈手

(1)上体稍右转,左脚尖内扣点地成右麒麟步。双拳变掌,左臂内旋,右脚向左腿后侧插步。同时左掌直臂逆时针经腹前向右上抡起;右臂屈肘用右掌向左拍按后经左臂内侧曲腕向左腹部插掌(图5-127)。

(2)上动不停,左脚向左横开一步,重心左移。同时,左掌抡臂向左反劈(图5-128),用掌背击打左臀部。目视左前方(图5-129)。

(3)上动不停,右脚再向左腿后侧插步。同时左掌逆时针画立圆向上、向左反劈掌,力达掌背和掌下沿;右臂屈肘用右掌向左拍按后曲腕向左腹部插掌(图5-130)。左脚迅速向左横开一步,同时重心左移,用左掌背击打左臀部。目视左前方(图5-131)。

图5-127　　　　　　图5-128　　　　　　图5-129

图5-130　　　　　　　　图5-131

(4)上动不停,重复上动单劈手一次。

动作要点:向左开左步的同时左手再向左臀部反劈掌。左手向右上挂时,身体稍向右转动,而后向左反劈时再向左转动,以加大动作幅度和反劈的力量。劈手与插步要协调一致,后两次劈掌连接速度变快。

43.倒发五雷

(1)身体随左脚尖外展左转90°。右掌紧跟上抡直臂立掌于头上

（图5-132）。重心前移于左腿,右脚屈膝向前勾踢。同时,右掌变拳向前直臂下劈至右膝内侧,拳眼朝前;左臂立掌屈肘上挑立于脸右侧,掌心向右,掌指朝上。左腿屈膝,右脚跟着地,脚尖上翘;右腿直膝前伸成右坡腿。目视右拳（图5-133）。

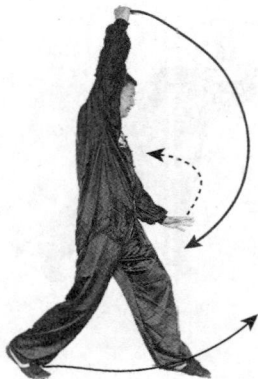  

图5-132　　　　　　　图5-133　　　　　　　图5-134

动作要点:此动作称为右坡腿劈拳,勾踢、劈拳和挑掌同时发力,协调一致。

（2）右脚尖内扣,重心前移于右腿,左脚向右腿后侧插步;同时,左右臂向左上侧摆臂,高与肩平后,左掌右拳向右横扫成插步鞭拳,左掌立于右肩前,右拳拳眼朝上,力达拳背。目视右拳（图5-134）。

（3）上动不停,身体左转翻身,双脚以前脚掌为轴转动成高虚步（图5-135）。左掌经头顶向左下侧劈掌至左大腿,右拳变掌紧跟上抡直臂立掌于头上。目视前方（图5-136）。

（4）左腿屈膝震脚,右脚向前勾踢。同时,右掌变拳向前直臂下劈至左膝内侧,左小臂顺势上挑,立掌于脸右侧。身体重心在左腿,右腿直膝前伸成右坡腿,右脚跟着地,右脚尖上翘。目视右拳（图5-137）。

图 5-135　　　　　　图 5-136　　　　　　图 5-137

动作要点：此动作称为翻身震脚右劈拳，翻转身时，肩不得僵硬，应以腰领先，带动手臂快速抡劈。

44.青龙出水右冲拳

（1）重心前移，右脚上一步，提左膝向前摆，右腿蹬伸向前跳起垫步。同时右拳变掌向前挑掌，经头上向后抡臂一周，立掌于右腰侧；左掌屈肘抬起经头顶向右肩上盖掌（图 5-138）。随右脚垫步落地，身体右转 90°，右手立掌上穿，经左臂内侧成侧上举（图 5-139）；上动不停，左脚向前落地成左仆步。右臂向后伸直内旋，掌心向后，虎口朝下；左手下穿经腹前立于左腿内侧，掌心向右，虎口朝上。目视左掌（图 5-140）。

图 5-138　　　　　　图 5-139　　　　　　图 5-140

（2）右腿蹬伸成左弓步，同时左右掌抡臂上撩，两手臂成斜平举。目视前方（图5–141）。

图5–141 图5–142

（3）上动不停，右掌向上摆至身后，左掌向前撩出。下肢不变，两臂向后绕环共2圈，两掌上沿交替上撩共5次（图5–142）。上动不停，左掌第三次向前撩击后，上体突然向后转180°，右掌自上向下劈击后变拳收于右腰侧，左掌上摆于头顶内旋架掌于头顶，掌心向上（图5–143）。

图5–143 图5–144

（4）上动不停，左腿蹬伸成右弓步。同时，右拳自腰间向前冲直拳，拳眼朝上。目视前方(图5-144)。

动作要点:前跳不在高,而在平远。穿掌、抡臂要迅速有力。

第八段

45.震脚勾踢

重心前移于右腿,提左脚落于右脚左侧;同时左掌向前下抓按,右拳变掌外旋缠腕变勾。然后提右脚屈膝震脚;同时,左脚向前勾踢,脚尖向上,两掌抓握变勾后经腰侧向同侧后方拽拉,勾尖朝上。目视左脚(图5-145、146)。

图5-145　　　　　　　　图5-146

动作要点:震脚、勾踢和拽拉同时完成,力整劲脆。

46.袖腿(叶里藏花)

重心前移,左勾变掌向后经头顶在面前屈肘做拍按动作;右掌自腰间经左臂上侧向前插掌,掌心向上,掌指朝前;左掌停于右臂下侧,掌心向下,四指朝右。同时提右膝向前点踢,稍高于腰。目视右脚、右掌(图5-147)。

动作要点:左前臂拍按防守,右掌插喉与右脚

图5-147

蹬胸膛同时发力。

47.转身上步挫面掌

上动不停,身体随势左转180°,右脚点踢后随转体下落于右前方。身体继续左转180°,再收右脚屈膝并步震脚(图5-148)。右掌屈肘置于右肩之上,随身体左转360°后向前推出,掌心向前,掌指朝上,稍高于肩。目视右掌(图5-149)。

图5-148   图5-149

动作要点:右脚并步下震与右手向前推掌发力一致,力点在掌根部。

48.寒鸡腿左右撩掌

(1)右脚尖外展,身体右转,左腿提膝向左前方上步。左掌向下经腹前向前挑掌,掌心向右,掌指朝上;同时,右掌向上经头顶向后绕环,置于右腰后侧,掌心向前。目视右掌(图5-150)。

(2)上动不停,重心前移,左脚落地屈膝;右脚上步脚尖点地,落于左脚旁成丁步。同时,左掌内旋上架于前额上侧,掌心朝上;右掌直臂向前撩掌置于右腹前,掌心向前,力达掌根。目视右掌(图5-151)。

(3)左脚尖外展,身体左转,右脚向右前方上一步成右弓步。右掌由下经腹前向前挑掌,掌心向左,掌指朝上;同时,左掌向上经头顶向后绕环,置于左腰后侧,掌心向前,目视右掌(图5–152)。

图5–150　　　　　　图5–151　　　　　　图5–152

(4)上动不停,重心前移,右腿屈膝成寒鸡腿独立,左脚上步脚尖点地,落于右脚旁成丁步。同时右掌内旋上架于前额上侧,掌心朝上;左掌直臂向前撩掌置于左腹前,掌心向前。目视左掌(图5–153)。

图5–153　　　　　　　　图5–154

(5)右脚尖外展,身体右转,寒鸡腿右撩掌同前一动作。目视右掌(图5–154)。

动作要点:左掌防守时与右掌前撩同时发力,也可以拍按立于右脸外侧;左撩掌时动作相同,唯方向反。此动作与马氏劈挂拳的鸭形插掌稍有不同,称寒鸡腿独立撩掌。

49.弓步双穿掌

（1）重心前移，右脚上步，脚尖内扣，身体左转90°。同时，右掌向前挑掌稍高于肩，左掌经腹前向后摆掌成侧平举，双掌掌心向上，掌指朝外。目视右掌（图5-155）。

图5-155　　　　　　　图5-156　　　　　　　图5-157

（2）上动不停，左脚随身体继续左转后撤一大步，重心下沉成右弓步（图5-156）。随身体继续左转，屈右腿成左仆步；两掌屈肘内收于胸前经左右腋下反穿掌，掌心向外，虎口朝后，置于两腰后上侧（图5-157）。

动作要点：上步转身以脊柱为轴，脚活步灵。整个动作向左转体360°，上体前俯成燕形。

50.跳步双劈右切掌

（1）接上动作，右脚蹬伸，身体重心前移成左弓步（图5-158）。然后右腿屈膝提起，左腿蹬伸跳起，身体随势左转。同时，双掌经腰侧向前、向上摆臂，在体前交叉后成侧上举，掌心相对，掌背侧向下。双掌借身体下落之势用力向两侧劈掌，用掌背分别击打臀部两侧。目视右前方（图5-159）。

图5-158 图5-159

（2）上动不停，左脚先落地，两掌背击打臀部后反弹成屈肘内旋平置于两肋侧（图5-160），随右脚落地左脚蹬伸成右弓步。两掌同时向两侧平切掌，双掌掌心向下，力达掌下沿。目视右掌（图5-161）。

图5-160 图5-161

动作要点：双臂前摆要有撩挑之意，重心前倾，前移距离较远。然后双掌下劈，再接右掌的横切掌。充分表现劈挂拳的以近击远、长距离击打的特点。

51.跳步双劈左切掌

（1）重心下沉，双掌下落经腰侧向前、向上摆臂在体前交叉（图5-162）；上动不停，左腿屈膝上摆，右腿蹬伸跳起，身体随势右转180°左右。双臂成侧上举,掌心相对,掌背侧向下(图5-163)。双掌借身体下落之势用力向两侧劈掌,用掌背分别击打臀部两侧。

图5-162

图5-163

(2)上动不停,右脚先落地,两掌反弹后屈肘内旋俯掌平置于两肋侧(图5-164),随左脚落地右脚蹬伸成左弓步。两掌同时向两侧平切掌,双掌掌心向下,力达掌下沿。目视左掌(图5-165)。

图5-164

图5-165

动作要点:同上动作,唯方向反。

52.独立挑掌

左脚蹬地,身体重心后移,左腿提膝成右腿独立,上体向左拧腰。同时,左掌上架变勾抓握后向上、向后提拉成侧上举,勾尖朝下,稍高于肩;右手经腰间向前上方挑掌成立掌,掌心向前,掌指向上。目视右掌(图5-166)。

动作要点:左腿蹬地与双臂上抡同时发力,动作协调。

图5-166

53.外摆莲

(1)上体稍向右转,左脚向前落地,脚尖内扣;左臂屈肘向前下拍按掌,同时右掌屈肘向外划平圆,经右胸前向左腋下前伸穿掌,与左臂交叉成前平举,右臂在下,两掌掌心均向下。目视右掌(图5-167)。

图5-167　　　　　图5-168　　　　　图5-169

(2)上动不停,右脚向右前弧形上步,脚尖外展,同时向右转头;左腿向右前方提膝摆起,使身体稍右倾,右脚用力蹬地,两手臂协同上提(图5-168)。

（3）上动不停，右脚蹬离地面跳起后，向上、向右直腿摆动，此时身体向右转动，右脚经面前时脚掌内扣。同时，两掌由右向左迎击脚面，使之出现两次击响（图5-169）。

（4）身体在空中继续向右转动近半周，左脚垂直落地，右腿提膝成左腿独立。两臂下落后交叉相抱于腹前，右臂在上，两手握拳，拳眼向上，拳心向后。目视左前方（图5-170）。

图5-170　　　　　　　　　图5-171

动作要点：起跳前重心要向下沉，以便下蹬发力；腾空后拍脚要准、响；下落可右脚先着地，以增加动作难度。

54. 砸丁

右腿屈膝下落震脚，左脚向左伸出成左坡腿，脚跟着地，脚尖上翘。同时，两臂向两侧外分横击成反臂锤，左低右高，右臂与左腿成直线，拳眼朝上，力达拳背。目视左方（图5-171）。

动作要点：横向抽打由含胸拔背到扩胸外展，灌注腰背之力于拳背，力猛劲沉。

收式

1. 摆扣步转身穿左掌：左脚尖外展，右拳向左前上方贯击，拳心向下;左拳变掌自左腰侧经胸前向右腋下穿掌,掌心向下,目视右拳(图5-172)。上动不停,以左脚跟为轴,右脚扣步向左后转一周。同时左掌随身体转动经右肘底由前俯掌伸出,高与肩平;右拳下落经右腰侧向后曲臂抬起,肘尖向后,拳心向下。目视左掌(图5-173)。

图5-172　　　　　　　图5-173

2.虚步冲拳:左脚尖点地成左虚步。同时左手立掌由左前向右回收拍按,高与肩平,掌心向右;右拳屈肘向右前方冲钻拳,拳眼朝下,拳背向左。目视左前方(图5-174)。

图5-174　　　　　　　图5-175

3.弓步穿掌:头转正,重心后移,左腿后撤一步;两手由体侧外旋收至腰侧,再经腋下向前上方插掌成侧上举,掌心朝上。目视前方(图5-175)。

4.两臂侧平举:上动不停,继续向右后撤右脚一步,两臂下摆经腰侧向外成侧平举,上体稍右转。目视右掌(图5-176)。

图5-176   图5-177   图5-178

5.两掌下按:收左脚与右脚并齐,两手屈肘内收经面前按至腹前,掌指相对,掌心朝下。向左转头,目视左方(图5-177)。

6.并步直立:两掌自然下垂于大腿两侧,同准备姿势。目视正前方(图5-178)。

动作要点:动作要慢些,两手要圆滑,按下时要挺胸收腹,呼气立直。

第六章　西北劈挂拳三路

第一节　套路动作名称

起式

第一段

1.麒麟步右滚臂

2.左弓步劈挂掌

3.右歇步勾手上提式

4.撤步麒麟步左滚臂

5.右弓步劈挂掌

6.左歇步勾手上提式

7.撤步麒麟步右滚臂

8.左劈挂掌

9.左弓步撩阴

10.右蹬脚冲拳

11.右冲拳

12.钝肘冲拳

13.行步挑拳

14.腾空蹬踢

第二段

15.右仆步拍掌

16.左托枪式

17.马步架推掌

18.右托枪式

19.马步架推掌

20.左右滚臂劈掌内挂

21.右蹬脚

22.回身抄手拍脚

23.独立压掌

24.行步挑掌

25.腾空飞脚

26.马步右反撑掌

27.右缠腕马步左反撑掌

28.左缠腕马步右反撑掌

第三段

29.左转身丁字步抱掌

30.左麒麟步左撩（左反提式）

31.右转身丁字步抱掌

32.右麒麟步右撩（右反提式）

33.左转身丁字步抱掌

34.左麒麟步左撩（左反提式）

35.右滚臂

36.提右膝裹肘

37.上步左抛拳

38.右下插拳

39.右反手劈拳

40.左右冲拳

41.左滚臂

42.提左膝裹肘

43.上步左抛拳

44.左下插拳

45.左反手劈拳

46.右左冲拳

第四段

47.右滚臂

48.扣腿叼手

49.跳撤步左托掌

50.右穿掌缠腕后拽右蹬脚

51.左里合腿

52.虚步双摆掌

53.提膝右穿掌

54.左右行步穿掌式（弧行步穿林）

55.马步插掌

56.右外绕臂转身震脚接左内圈手马步左插掌

57.左外绕臂转身震脚接右内圈手马步右插掌

第五段

58.翻身震脚左弓步右插掌

59.回身劈掌

60.拧腰切胯左砍掌

61.撤步提左膝右钻拳

62. 右麒麟步双撞掌　　　　63. 仆步穿掌

64. 二起脚　　　　　　　　65. 旋风脚

66. 砸丁

第六段

67. 右格挡左下截　　　　　68. 左格挡右下截

69. 右左裹肘提膝下截　　　70. 跪步架打

71. 右外摆腿　　　　　　　72. 砸丁

73. 左横击下蹲扣腿　　　　74. 提膝绕臂托掌

75. 弧形行步穿掌　　　　　76. 云抄手右踢腿

77. 弓步撩掌架冲拳　　　　78. 云手舞花虚步冲拳

收式

第二节　套路动作图解

起式

1. 准备姿势：面向正南成正立姿势，脚尖并拢。两臂微屈，双掌自然下垂，两掌心向里；头要端正，下颌内收。目视左前方（图6-1）。

图6-1　　　　　　　　图6-2　　　　　　　　图6-3

2.退步双插掌：右脚向右后退一步，身体稍左转，两掌胸前交叉，左手在上，右手在下，两掌心向上。目视前方(图6-2)。

3.弓步捋手：身体右转向后移重心成右弓步，同时两掌随身体分别向左右平捋雁展，高与胯平，掌心向下。目视左掌。

4.并步抱拳：并左腿稍屈膝成直立抱拳，脚尖向西南方；拳心向里，大小臂屈曲成弧，挺胸稍向左拧。目视前方为正南方(图6-3)。

5.上步下蹲歇步双插掌：右脚向前上一小步外摆脚尖，屈膝下蹲。同时，左右掌向前下交叉插击，右掌在上，两掌心斜向上。目视左掌(图6-4)。

图6-4   图6-5

6.提膝双挂掌：提左膝，成右腿独立。同时，两掌向两侧分挂，右掌高过头，掌心斜向上，上体稍向右后倾；左腿屈膝抬起，脚尖稍翘起。目视左前方(图6-5)。

7.背穿亮掌：右腿屈膝下蹲，左脚落地成左仆步。同时，双掌经前向左、右腋下插出，然后翻掌置于体后，掌心向下。上体挺胸向左拧转，目视左前方(图6-6)。

8.弓步合掌：重心前移成左弓步。同时，双掌由后向前合掌，稍高于肩,虎口相对。目视前方(图6-7)。

图6-6　　　　　　　　图6-7　　　　　　　　图6-8

9.虚步双按掌:重心后移成左虚步,两掌心向下向腰两侧下按。目视左方(图6-8)。

10.提膝双按掌:上体姿势不变,提左膝向前跨步。

11.上步穿掌:左脚向右侧前方落地。同时,双掌屈肘外旋一周变仰掌由后经两侧腰肋部向前方穿出,掌心斜向上。目视双掌(图6-9)。

图6-9　　　　　　　　图6-10　　　　　　　　图6-11

12.并步屈肘插掌:右脚上半步,并左脚屈膝半蹲。同时,双掌经腰肋向后摆臂,经侧平举,再由两侧屈肘置于胸前,掌背高与肩平,掌心向下。目视前方(图6-10)。

13.并步按掌:双膝伸直,双掌下按置于腰两侧,大小臂微屈,掌心向下,虎口相对。目视左前方(图6-11)。

第一段

1.麒麟步右滚臂

侧身右脚向右前迈出一步,左脚前掌着地成右麒麟步,身体前俯。同时,右掌向前穿出,前臂内旋下滚,掌心由向上翻下;左臂内旋下滚引臂,向后伸出,掌心由下向后翻。目视左方(图6-12)。

图6-12　　　　　　　　图6-13　　　　　　　图6-14

2.左弓步劈挂掌

左掌向下经腹前逆时针向后劈掌一周,同时,左脚向左侧上步,随身体左转前伸下压(图6-13)。右掌自身体右侧经头上逆时针向左侧劈掌半周,力达两掌外沿,右掌直臂下劈高与肩平,虎口斜向上,力达掌外沿;左掌回摆上挂置于右肩上侧,掌指向上,掌心向前。目视右掌(图6-14)。

3.右歇步勾手上提式

重心右移后下蹲,左腿向右腿后侧插步成右歇步,同时右掌五指并拢变勾抓捏。上动不停,右勾逆时针下拽后向右侧上提,勾尖向下高过头顶;左掌随势立于右肩前侧,指尖向上,掌心向右。目视左前方(图6-15)。

图6-15

图6-16

4.撤步麒麟步左滚臂

重心稍抬起,右脚向右侧横跨一步成左麒麟步。上动不停,左掌下落经腹前向左侧上穿内旋滚臂,掌心向下,指尖向前;右勾变掌内旋滚臂,掌心由下向后翻。目视左方(图6-16)。

5.右弓步劈挂掌

重心右移,右掌顺时针抡臂一周向右后下侧劈掌,力达掌外沿(图6-17);左掌随右臂顺时针抡臂半周向右上侧劈掌,左掌直臂高与肩平,虎口向上,力达掌外沿;同时,右掌回摆上挂置于左肩上侧,掌指向上,掌心向左。目视左掌(图6-18)。

图6-17

图6-18

6. 左歇步勾手上提式

重心左移后下蹲,右腿向左腿后侧插步成左歇步。同时,左掌五指并拢变勾抓捏,左勾顺时针下搂后向左侧上提,勾尖向下高过头顶;右掌随势立于左肩前侧,指尖向上,掌心向左。目视左勾(图6-19)。

图6-19   图6-20

7. 撤步麒麟步右滚臂

重心稍抬起,左脚向左侧横跨一步成右麒麟步。上动不停,右掌下落经腹前向右侧上穿内旋滚臂,掌心向下,指尖向前;左勾变掌内旋滚臂,掌心由下向后翻。目视左方(图6-20)。

8. 左劈挂掌

左掌逆时针抡臂一周向左下侧劈掌,掌心向右,掌指朝下,力达掌外沿。上动不停,右掌随左臂逆时针抡臂一周向左下侧劈掌,虎口向前,力达掌外沿;同时,左掌回摆上挂置于右肩上侧,掌指向上,掌心向右。目视右掌(图6-21)。

9. 左弓步撩阴

提右膝团身成左腿独立(图6-22),然后右脚后蹬踩实成左弓步,身体稍抬起。顺势右掌变勾向前撩击,勾尖朝下,力达勾背;左掌回拉变拳置于腰间。目视右勾(图6-23)。

图6-21

图6-22

图6-23

图6-24

动作要点:右脚后蹬与右勾反撩同时发力,同时到位,双臂交错发力,力达勾背。

10.右蹬脚冲拳

右勾变拳收于腰间,拳心向上;左拳向前冲出,力达拳面。同时,右膝抬起,脚尖上勾向前蹬出,力达脚跟,高与腰齐。目视右脚(图6-24)。

动作要点:右蹬脚为窝心腿,提膝后蹬脚与左直拳同时发力,脚尖朝上,力达拳面和脚后跟。

11.右冲拳

重心前移,右脚落地成右弓步。同时右拳冲出,拳眼朝上,力达拳面,落脚与出拳协调一致,用力顺达。目视右拳(图6-25)。

图6-25　　　　　　　　图6-26　　　　　　　　图6-27

动作要点:收左拳与冲右拳同时交错发力,力达拳面。

12.钝肘冲拳

重心前移到右腿,左脚稍提起;右拳屈肘外旋,拳心向上(图6-26)。双脚突然擦地向后撤步,重心突然后挫;同时,左臂直拳冲出,右臂向后、向下钝肘。目视左拳(图6-27)。

动作要点:重心后挫、出拳与钝肘三个动作协调一致,用力顺达,突出凶、狠、猛和沉的特点。

13.行步挑拳

(1)重心前移,左脚上前一步,同时左拳向上、向后抡臂半圈;右拳自下向前上挑,拳面斜向前,拳心向后。随着重心的前移(图6-28),右脚上前一步,左臂自后向下、向前上挑拳,拳面斜向前,拳心向后;同时,抡右拳曲臂立于身体后侧,拳面向下,拳心向前。目视左拳(图6-29)。

(2)上动不停,重心稍下降提左膝。右拳自下向前上抛出,双前臂交叉于面前,拳面斜向上,拳心向后。目视前方(图6-30)。

动作要点:身体重心的移动与挑拳协调一致,挑拳拳面到达下颌高度时,重心在前脚。

图 6-28

图 6-29

图 6-30

14.腾空蹬踢

右拳前挑与左拳小臂交叉上架,右臂在前。同时,左脚用力向前提膝摆起,右脚迅速蹬地跳起,屈膝上收至腹前并向前上方蹬出,力达脚跟。目视右脚(图6-31)。

动作要点:右脚在跳起至高点蹬出,双臂上架与下肢蹬摆连贯、有力,前蹬凶狠。

图 6-31

第二段

15.右仆步拍掌

上动不停,左脚垂直落地,右腿前仆,成右仆步。上体下压,带动右臂向前、向下在右脚前拍打地面。左臂向后抡至身后成侧上举,与右臂成直线。目视右掌(图6-32)。

动作要点:拍打时,以腰带臂,力达右掌根。

16.左托枪式

随双臂向前上摆,右腿抬起撤半步震脚,左脚蹬地屈膝高抬。同时,左掌上托,掌心向上,掌指朝前;右掌上架置于头上右侧,两掌掌心相对成托枪式。目视左掌(图6-33)。

图6-32　　　　　　　图6-33　　　　　　　图6-34

17.马步架推掌

身体以右脚跟为轴向右转90°,左脚向左侧落地成马步。同时,右掌内旋架于头上,掌心向上;左掌向左前推出,掌外沿向前,掌指向上。目视左掌(图6-34)。

动作要点:托枪式左肘贴于左膝;左脚落地,重心下沉,左掌内旋立掌向下、向前挫掌,以腰摧力,力达掌根和掌外沿。

18.右托枪式

重心稍抬起,左脚后撤半步震脚。右掌向后、向下划弧于臀后侧,掌心向前;上动不停,提右膝成左腿独立,身体左转180°。同时双臂向前上摆,左掌上架置于头左上侧;右掌上托,两掌掌心相对成托枪式。目视右掌(图6-35)。

动作要点:同上动16,唯方向反。

19.马步架推掌

身体以左脚跟为轴向左转,右脚向右侧落地成马步。同时左掌内旋架于头上,掌心向上,虎口朝前;右掌向右推出,掌外沿向前,掌指向上。目视右掌(图6-36)。

图6-35　　　　　　　　图6-36

动作要点:同上动18,唯方向反。

20.左右滚臂劈掌内挂

(1)身体稍左转,侧身左脚向左前上一步,右脚脚尖着地成左麒麟步,身体前俯。同时,左掌顺时针划弧向前穿出,左臂内旋翻滚,掌心由上翻下。右臂内旋后伸引背,掌心由前翻后。目视右方(图6-37)。

图6-37　　　　　　图6-38　　　　　　图6-39

(2)上动不停,右掌经下向左挂臂后提右膝。目视右臂(图6-38)。

　　（3）上动不停，身体右转90°，右脚向前上步。右臂顺时针向前劈掌后下行一周；左掌自身体后侧经头上顺时针向前劈掌半周，力达两掌外沿。目视前方（图6-39）。

　　（4）上动不停，左脚向前上步，身体右转前伸下压。右掌直臂向后、向上抡至肩平后内旋滚臂，掌心向下，掌指朝左（图6-40）；左掌内旋滚臂后向下、向右挂臂后提左膝。目视左侧（图6-41）。

图6-40　　　　　　　　　　　　图6-41

　　（5）身体稍左转，侧身向左前上步，重心前移于左腿，右脚前掌着地成左麒麟步。同时，左掌经下向前逆时针向前劈掌一周，置于胸前（图6-42）；右掌自身体右侧经头上逆时针劈掌半周，力达两掌外沿，右掌直臂高与肩平，虎口向上，力达掌外沿。目视右掌（图6-43）。

图6-42　　　　　　　　　　　　图6-43

21.右蹬脚

右腿屈膝高抬,勾脚尖用力向左前蹬踏,脚高于腹部,力达脚跟。左掌回摆上挂前伸与右脚相合,掌心向右,虎口朝上;右掌经大腿右侧向右后上侧摆臂成侧平举。目视左前方(图6-44)。

图6-44　　　　　　图6-45　　　　　　图6-46

动作要点:蹬脚为穿心腿,左掌挂击与右脚上蹬同时到达最高点,使身体前倾保持平衡,力达指尖和脚跟。

22.回身抄手拍脚

(1)右腿屈膝内扣下落,身体顺势左转约180°成左腿独立。左掌自左上方向下经左腿外侧向前抡摆成前平举,虎口朝上,掌背向前;右掌自体侧向上、向前抡劈,虎口朝上,掌背向外,两臂微屈撑圆。目视左掌(图6-45)。

(2)上动不停,右腿弹踢,左掌前伸用手背拍击右脚背。目视右脚(图6-46)。

动作要点:两臂抡劈协调一致,两臂微屈,两掌相合,用力通达。

23.独立压掌

重心下沉,上体前倾,右腿屈膝收小腿成左腿独立。左掌下按护膝,掌心向上,虎口朝前,两臂成直线。目视左掌(图6-47)。

图 6-47

图 6-48

动作要点：左掌下按，力达掌下沿。

24.行步挑掌

（1）重心前移，右脚向前上步。左臂微屈成弧形向前挑掌，力达掌上沿，掌心向内。目视左掌（图6-48）。

（2）重心前移，提左膝向前上步。左臂微屈成弧形向下经大腿左侧向前、向上挑掌，力达掌上沿，掌心向内；右掌经头顶向后抡臂成侧平举，虎口朝上，掌心向前。目视左掌（图6-49）。

图 6-49

图 6-50

（3）继续向前行步、左右掌挑掌共4次,动作同上(图6-50)。

25.腾空飞脚

（1）右脚落地后提起左膝,左膝前顶,右脚可向前垫步(图6-51)。左臂向前挑掌后屈臂上架,右臂经大腿右侧向前摆臂插于左臂上侧,两前臂交叉成十字内翻上架,两掌虎口向后,掌心斜向前。目视前方(图6-52)。

图6-51　　　　　　　图6-52　　　　　　　图6-53

（2）上动不停,右腿蹬伸跳起,在左脚落地前,勾脚尖用力向前蹬踏,脚高于腹部,力达脚跟。目视右脚(图6-53)。

26.马步右反撑掌

左脚先落地,右脚上步成偏马步。两臂屈肘下压,左掌外旋收于左腰侧,掌心向上,掌指朝前;右掌屈臂向前、向右撑压,力达掌背与小臂外侧,掌心斜向上。目视右掌(图6-54)。

图 6-54

27.右缠腕马步左反撑掌

（1）右脚向左前方弧形上半步，脚尖点地成右虚步。右掌曲臂向前伸顺时针外旋缠腕握拳，右脚抬起向前少半步，脚尖稍外展震脚（图6-55）。

图 6-55　　　　　　图 6-56　　　　　　图 6-57

（2）上动不停，重心前移，身体右转90°，左脚上一步成偏马步。左掌曲臂抬起随右拳的回拽自上而下向前撑掌，掌指向右，掌心斜向上，力达掌背和小臂外侧；右拳置右腰侧，拳心向上。目视左掌（图6-56、57）。

动作要点：右拳后拽，左掌前撑与左脚上步成马步，动作协调一致，用力顺达，发力凶狠。

28.左缠腕马步右反撑掌

（1）回重心于右脚，左脚收回半步成左虚步。左掌曲臂后向前伸出逆时针外旋缠腕握拳，左脚抬起弧形向右前方上半步，脚尖稍外展震脚（图6-58）。

图6-58　　　　　　　图6-59　　　　　　　图6-60

（2）上动不停，重心前移，身体左转90°，右脚上一步成偏马步。右掌曲臂抬起随左拳的回拽自上而下向前撑掌，四指向左，掌心斜向上，力达掌背和小臂外侧；左拳置右腰侧，拳心朝上。目视右掌（见图6-59、60）。

动作要点：左拳后拽，右掌前撑与右脚上步成马步，动作协调一致，用力顺达，发力凶狠。

第三段

29.左转身丁字步抱掌

右脚尖内旋，重心移于右腿，身体左转约90°，左脚回收半步成丁字步。上动不停，左拳变掌下插于右腋下，掌心向后；右掌向下划弧与左臂合抱于右腹前，掌心向左。目视前方（图6-61）。

动作要点：右腿屈膝半蹲，重心下沉。含胸拔背，团身蓄劲。

30.左麒麟步左撩（左反提式）

抬左膝向左前方跨一大步，右脚紧跟半步成左麒麟步。同时两掌变勾,右勾向后拉搲高与肩平;左勾向左前方提拉,撩击对方裆部,力达勾背,两勾尖向下,勾眼向右,高与肩平。目视左勾(图6-62)。

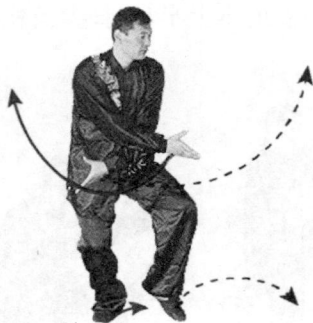

图6-61　　　　　　　　　　　　　图6-62

动作要点:左腿跨步要大而平,不宜过高,重心低,右前脚掌着地蹬伸与左勾撩击同时到位。

31.右转身丁字步抱掌

左脚尖外展,重心移于左脚,身体左转90°,右膝抬起向前上半步成丁字步。上动不停,两勾变掌向下划弧,右掌下插于左腋下,掌心向后;左掌屈肘向右裹肘与右臂合抱于腹前,掌心向后。目视前方(图6-63)。

图6-63　　　　　　　　　　　　　图6-64

动作要点:同动作29,唯方向反。

32.右麒麟步右撩(右反提式)

抬右膝向右前方跨一大步,左脚紧跟半步成右麒麟步。同时两掌变勾,左勾向后拉拽;右勾向右前方提拉,撩击对方裆部或腹部,力达勾背,两勾尖向下,勾眼向左,高与肩平。目视右勾(图6-64)。

动作要点:同上动30,唯方向反。

33.左转身丁字步抱掌

右脚尖外展,重心移于右脚,身体稍右转,左膝抬起向前上半步成丁字步。下动不停,两勾变掌向下划弧,左掌下插于右腋下,掌心向后;右掌向右屈臂裹肘与左臂合抱于腹前,掌心向后。目视前方(图6-65)。

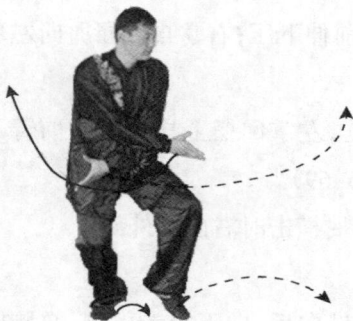

图6-65　　　　　　　　　　　图6-66

动作要点:同上动29。

34.左麒麟步左撩(左反提式)

同上动30(图6-66)。

35.右滚臂

身体稍右转侧身,右脚向右前迈出一大步,左脚紧跟半步,脚前掌着地成右麒麟步,身体前俯。同时,右勾变掌向前穿出内旋下滚,掌心由向上翻下;左臂内旋下滚向后伸出,掌心由向下翻向后。目视左方(图6-67)。

图6-67　　　　　　　　图6-68　　　　　　　图6-69

36. 提右膝裹肘

（1）左掌经下向右、向上逆时针抢臂一周，向前劈掌；同时，左脚向右前方弧形上步（图6-68），随身体左转前伸下压；右掌自后屈肘向左裹肘，掌背向前，掌心朝脸。

（2）上动不停，右膝抬起成左腿独立，左掌回摆上挂靠击右前臂下侧，虎口朝上，掌心向右。目视右臂（图6-69）。

动作要点：左脚上步时脚尖外展，裹肘横击时右前臂外旋。

37. 上步右抛拳

右脚向前上大半步，右臂屈肘顺时针向后、向下抢拳一周，自腰间向前上方屈肘弧形勾击，拳面斜向上；同时左掌向前方以弧线拍按于右大臂上侧，掌心朝下。左脚蹬伸，脚尖着地，身体右倾。目视右拳（图6-70）。

动作要点：抛拳凶狠有力，力达拳面。

38. 右下插拳

重心左移成偏马步，右拳自上屈肘向左划弧，经左臂内侧、胸前向右下侧插拳，拳眼向下，力达拳面。左掌外旋立于右脸外侧，掌心向右。目视右拳（见图6-71、72）。

图 6-70　　　　　　　图 6-71　　　　　　　图 6-72

动作要点：右臂下插时要内旋，或为下截。

39. 右反手劈拳

右腿蹬伸，重心提起。右拳以肘为轴自下向内、向前上方划立圆经左臂内侧翻出，用拳背向前方反劈拳，拳心朝上；左掌下按，平置于右大臂下侧，高与胸平，掌心朝下。目视前方（图 6-73）。

图 6-73　　　　　　　图 6-74

动作要点：翻拳、按掌随重心起伏同时完成，右拳反劈力达拳背。

40. 左右冲拳

重心下沉，两腿成右麒麟步。左掌变拳自胸前向前冲拳，拳眼朝上,力达拳面;右拳回收于右腰侧,拳眼朝上。左右连环冲直拳4次,拳眼朝上,力达拳面。目视前方(图6-74~76)。

图6-75　　　　　　　　图6-76　　　　　　　　图6-77

动作要点:冲拳时,脚步与胯要活,发力要沉稳。

41.左滚臂

接上式,右麒麟步右冲拳,身体稍左转侧身,左脚向左前迈出一大步,右脚紧跟半步,脚尖着地成左麒麟步,身体前俯。同时左掌向前穿出内旋下滚,掌心由向上翻下;右臂内旋下滚向后伸出,掌心由向下翻向后。目视右方(图6-77)。

动作要点:转身滚臂引背,动作协调。

42.提左膝裹肘

(1)右掌经下向前顺时针抡臂一周,向前劈掌(图6-78),同时右脚向右前侧弧形上步,随身体右转前伸下压;左掌屈肘由后向右裹肘,掌背向前,掌心朝脸。

(2)上动不停,左膝抬起成右腿独立,右掌回摆上挂靠击左前臂下侧,虎口朝上,掌心向左。目视左臂(图6-79)。

动作要点:同上动36,唯方向反。

图6-78　　　　　　　　图6-79　　　　　　　　图6-80

43.上步左抛拳

左脚向前上大半步,左臂屈肘向后、向下抡拳一周,自腰间向前上方屈肘弧形勾击,拳面斜向上;同时右拳变掌向前方弧线拍按于左大臂上侧,掌心朝下。右脚蹬伸,脚尖着地,身体左倾。目视左拳(图6-80)。

动作要点:抛拳凶狠有力,力达拳面。

44.左下插拳

重心右移成偏马步。左拳自上屈肘向右划弧,经右臂内侧、胸前向左下侧插拳,拳眼向下,力达拳面。右掌外旋立于左脸外侧,掌心向左。目视左拳(图6-81)。

图6-81　　　　　　　　图6-82

动作要点：左臂下插时要内旋，或为下截。

45.左反手劈拳

左腿蹬伸，重心提起。左拳以肘为轴自下向内、向前上方划立圆，从右臂内侧翻出，用拳背向前方反劈拳，拳心朝上；右掌下按，平置于左大臂下侧，高与胸平，掌心朝下。目视前方（图6-82）。

动作要点：翻拳、按掌随重心起伏同时完成，左拳反劈力达拳背。

46.右左冲拳

重心下沉，两腿成左麒麟步。右掌变拳自胸前向前冲拳，拳眼朝上，力达拳面；左拳收回腰左侧，拳眼朝上。右左连环冲直拳4次，拳眼朝上，力达拳面。目视前方（图6-83~86）。

图6-83

图6-84

图6-85

图6-86

动作要点：冲拳时，脚步与胯要活，冲拳要有双臂交错之力，劲力沉稳。

第四段

47.右滚臂

身体稍右转侧身，右脚向右前迈出一大步，左脚紧跟半步，脚尖着地成右麒麟步，身体前俯。同时右拳变掌向前穿出内旋下滚，掌心由向上翻下；左臂内旋下滚向后伸出，掌心由向前翻向后。目视左方（图6-87）。

图6-87　　　　　　　　图6-88

动作要点：同上动35。

48.扣腿叼手

左掌经下向前逆时针抡臂一周向后劈掌，同时左脚向左前方弧形上步，身体左转前伸下压（图6-88）。右掌自身体右侧经头上向前上方变鹤嘴叼抓，爪尖向下；左掌回摆上挂，屈肘外旋翻掌上托于右臂手腕处，掌心向上，掌指朝右，高于左肩。同时，右腿蹬伸，右脚屈膝后摆，大小腿折叠摆平，脚尖上勾朝后。目视右爪（图6-89）。

动作要点：右手叼抓与右腿折叠向后抬起同步完成，保持身体平衡，右脚勾脚尖与地面平行。

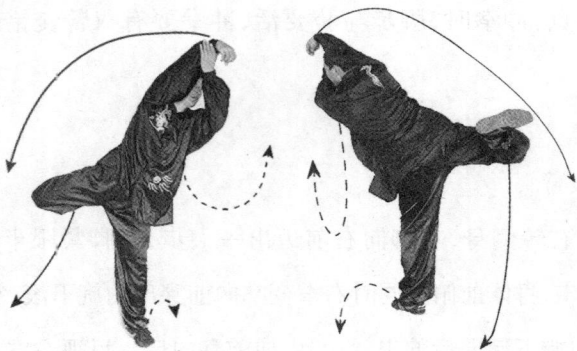

图6-89

49.跳撤步左托掌

左腿用力蹬地,重心后移,右腿后摆一步落地,左脚向左后侧跳落成偏马步(图6-90)。同时,左掌下摆向左侧划弧,经左腿前侧后向上托掌,掌指向前,掌心朝上,高与眼平;右勾向头上提起变掌内翻向后压掌,虎口斜向上,掌指向后。目视左掌(图6-91)。

图6-90

图6-91

动作要点:左掌下摆与右掌上摆,左掌上托与右掌下压要协调一致,用力顺达。

50.右穿掌缠腕后拽右蹬脚

(1)重心稍前移,右臂屈肘,右手伏掌经胸前穿过左腋下向外捋掌,掌心向前;左掌屈肘内翻按压于右前臂(图6-92)。上动不停,右掌缠腕协同左掌向右下侧拽拉,置于右腰侧,拳心朝上,拳面向前。目视前方(图6-93)。

图6-92　　　　　　　　　　　图6-93

（2）上动不停,右腿屈膝高抬,勾脚尖用力向前蹬踏,脚高于腹部,力达脚跟。目视前方(图6-94)。

图6-94

动作要点:右腿窝心腿与右掌缠腕拽拉同时发力,凶狠有力。

51.左里合腿

（1）重心后移,右脚向后撤步脚尖落地,身体右转180°。右拳内旋变伏掌,两掌自右腰侧顺时针向右、向上划弧摆掌半周,掌指朝上,掌心向前。目视右掌（图6-95）。

图6-95   图6-96   图6-97

（2）上动不停，左腿向上、向右弧形内摆，脚面绷平，当摆至面前时，两掌顺势向左上方划弧拍击左脚面。然后左掌变勾置于身体左侧后上方，勾尖朝下；右掌横向按于胸前，掌心朝下，虎口向腹部。目视右掌（图6-96）。

动作要点：身体要随左脚摆踢旋转，两声击响要连贯、清脆。

52.虚步双摆掌

身体随左里合腿再右转180°，左脚脚尖落地成左虚步。左勾变立掌，掌心斜向后；右掌自上向左下横掌前推，高与胸齐，掌心斜向前。目视右掌（图6-97）。

动作要点：右掌自胸前左侧向前横击，力达掌下沿，含有向右的掤劲。

53.提膝右穿掌

左腿提膝向左后侧撤一步，接提右膝向左前弧形上步，身体左转。右掌屈肘仰掌自体后经胸前、左腋下向左前方穿掌，掌心向上，掌指朝左；左掌向左肩上侧架掌，掌心斜向上。目视右掌（图6-98）。

图6-98　　　　　　图6-99　　　　　　图6-100

54.左右行步穿掌式(弧行步穿林)

(1)右脚向左前弧形上步,脚尖向右外展(图6-99),继提左膝弧线向左前侧上步,脚尖内扣。目视右掌(图6-100)。

(2)当右脚再上一步落地后(图6-101),提起左膝向右前方弧行上步,脚尖稍外展,身体右转。同时右前臂内旋,右掌心向右肩上侧外撑架掌,掌心斜向上;左掌收至左腰侧外翻,仰掌经胸前从右腋下穿出,掌心向上,掌指朝右。目视前方(图6-102)。

图6-101　　　　　　图6-102　　　　　　图6-103

(3)上停不动,右脚向右前方弧形上步(图6-103),脚尖向左内扣;继提左膝弧线向右前侧上步,脚尖斜向左外展。目视左掌(图6-104)。

图 6-104   图 6-105

（4）当左脚落地后，提起右膝，身体左转。左掌内旋翻掌后捋，掌心斜向后；右掌收至右腰侧外翻，掌心向上，掌指朝前。目视前方（图6-105）。

动作要点：穿掌时，身体前倾，以掌带腰，上步迅速，向外撑掌含有后捋扩胸之劲。穿林可根据实际需要加减步数。

55.马步插掌

随右脚大步前落成偏马步，右手向前平插掌，掌心向上，掌指朝前；左臂伸直成侧平举，掌心向上，掌指朝后。目视右掌（图6-106）。

图 6-106   图 6-107   图 6-108

动作要点:以腰催掌,重心前移,力达右掌指尖,高与肩平。

56.右外绕臂转身震脚接左内圈手马步左插掌

(1)右掌屈肘向外顺时针平绕臂一周,提右膝收回半步震脚(图6-107),身体右转180°。左脚上步成偏马步,同时左臂屈肘随身体向前内格。目视左掌(图6-108)。

(2)上动不停,左掌顺时针向内绕臂一周向前插掌。两臂成侧平举,左掌心向上,掌指朝前(图6-109)。目视左掌(图6-110)。

图 6-109   图 6-110

动作要点:左掌屈肘划平圆内圈手,力点在掌下沿和手腕处,有向外牵引之力。

57.左外绕臂转身震脚接右内圈手马步右插掌

①左掌屈肘向外逆时针平绕臂一周,提左膝收回半步震脚(图6-111),身体左转180°。右脚上步成右虚步,同时右臂屈肘随身体向前内格(图6-112);左臂向左平摆半周成侧平举,掌心向上,掌指朝后。目视右掌。

图 6-111　　　　　　　　　图 6-112

（2）上动不停，提起右膝上步成偏马步。同时右掌逆时针向内圈手划平圆一周向前插掌，两臂成侧平举，右掌心向上，掌指朝前。目视右掌（图 6-113、114）。

图 6-113　　　　　　　　　图 6-114

动作要点：同动作 56，唯方向反。

第五段

58.翻身震脚左弓步右插掌

（11）右臂内下旋，屈肘内收，右掌顺时针划半周，停于右膝内侧，掌心向上，虎口朝前；左掌向右前方按掌，与右前臂合抱于体前。目视右掌。

（2）上动不停，提右膝以左脚掌为轴翻身右转 180°，同时右掌变勾半握提拉,向上抡臂经头上向后反手劈掌,力达掌下沿(图6-115);右脚震脚落于左脚旁,提左膝上步成偏马步。同时左掌随身体右转向上抡经头上向前拍按掌,掌心朝下,虎口斜向脸;右掌向下,向后抡臂成侧平举,掌心向上。目视左掌(图6-116、117)。

图6-115

图6-116

图6-117

图6-118

(3)上动不停,右掌内翻成伏掌,自右肩侧向前经左前臂上侧平插掌,掌心朝下,力达掌指。左掌收于右腋下,掌心朝下,掌指朝右。目视右掌(图6-118)。

动作要点:翻身发力于腰背,身体随右臂提拉后倒翻身连贯。插掌迅速、有力。

59.回身劈掌

右掌直臂提起,经头上向后抡劈半周,身体随上肢右转180°。同时右脚以脚跟为轴,脚尖外撇130°左右,左脚以脚尖为轴外旋半周,右掌下劈力达掌下沿,掌心向脸。目视右掌(图6-119)。

图6-119　　　　　　图6-120　　　　　　图6-121

动作要点:抡臂时,两臂微屈,两掌屈腕相合成弧形,力达掌下沿。

60.拧腰切胯左砍掌

(1)随右掌下劈经右大腿外侧逆时针后摆,左掌自身后上举经头上向前砍掌,虎口朝上,力达掌下沿。目视左掌(图6-120)。

(2)上动不停,右腿屈膝下蹲成半跪步,身体前倾下压。左掌继续下劈置于右膝前,掌心向脸;右掌向后摆臂成侧上举,两臂微屈成一直线。目视左掌(图6-121)。

动作要点:左臂抡臂屈腕成弧形,虎口朝上,力达掌下沿。

61.撤步提左膝右钻拳

重心突然提起,提右膝后撤一步(图6-122),随即左腿蹬伸提起带动右脚向后垫步(图6-123)。同时,右掌变拳屈肘经右肩上向前内旋冲钻拳,力达拳面,拳眼朝下,拳心向右;左掌回拉立于右胸前,掌心向右,掌指朝上。目视右拳。

图6-122　　　　　　　　图6-123

62.右麒麟步双撞掌

(1)右拳变掌与左掌屈肘体前交叉,两掌同时向下向外挂膝分掌,经胯两侧后抡成燕式,两掌心斜向外(图6-124)。

图6-124　　　　　　图6-125　　　　　　图6-126

(2)上动不停,左脚后蹬落地,带动右脚后滑成右麒麟步。两掌屈肘内旋经肩上向前双推掌,两掌虎口向下,掌心向前,掌指相对。目视两掌(图6-125、126)。

动作要点:两掌向下挂膝时,重心下沉;挺胸向后摆臂时重心后移,右脚可垫步保持重心稳定。两掌屈肘内旋置于肩上时含胸拔背蓄劲,左腿向后蹬跨,左前脚掌着地突然止动,双掌横向前推,身体重心稍前移,力点在双掌。

63.仆步穿掌

(1)右掌收至腰侧,掌心斜向上;左掌向右上划弧盖压于右肩上侧,掌心向前。同时右腿后撤半步蹬直,左腿屈膝提起,脚尖内扣。右掌从腰侧经左臂内侧向右前上方穿出,掌心向上;左掌收至右臂腋下成俯掌,掌指朝右。目视右掌(图6-127)。

图6-127　　　　　　　　图6-128

(2)上动不停,右腿全蹲,左腿向左后方铲出成左仆步,脚尖内扣。右臂不动,左掌由右腋下向下经左腿内侧,向左脚面穿出。目随左掌转视(图6-128)。

动作要点:动作连贯完成,支撑腿与右臂充分伸直。

64.二起脚

（1）右腿蹬直，重心前移至左腿成左弓步。左掌随重心前移继续向前上方挑掌，右掌稍下降。目随左掌（图6-129）。

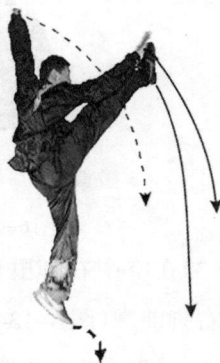

图6-129　　　　　　图6-130　　　　　　图6-131

（2）上动不停，右脚向前方上一步下压落地，身体重心迅速前移至右腿；左膝高抬向前摆起，右腿猛力蹬地跳起；同时右掌向前上摆起，用掌背拍击左掌心。目视前方（图6-130）。

（3）左腿保持屈膝上提，右腿继续上摆，脚面绷平；右手迅速拍击右脚面，左掌变勾由体前向左后侧上提，勾尖朝下。目视右手（图6-131）。

动作要点：蹬地要有力，左膝尽量上提。击响要在腾空时完成，上体前压。

65.旋风脚

（1）左脚向前先落地，右脚上步横向落地，脚尖内扣屈膝下蹲。右掌前平举，掌心向下，虎口朝左；左掌向右下侧按掌。目视右掌（图6-132）。

（2）上动不停，重心右移，左腿向左后上方摆起，右脚随即蹬地跳起。同时两臂由下向上，随转体抡摆至左上方（图6-133）。

图 6-132

图 6-133

（3）在空中右脚里合腿向左上扣脚抡摆，当摆至面前时，用左掌心迎击右脚前掌（图6-134）。身体在空中顺势左转一周，左脚先落地成左腿独立。同时两掌变拳，两小臂交叉收抱于腹前，右臂在下，两拳眼斜向上。目视右拳（图6-135）。

图 6-134

图 6-135

动作要点：里合腿高度要过肩；击响要准确、响亮，摆腿、摆臂与蹬地起跳要连贯协调。

66.砸丁

上动不停，右脚屈膝震脚，左脚勾脚尖向左伸出成左坡腿，脚跟着地,脚尖向上;同时两臂向前、向外分拳横击,力达拳背,左臂侧下举,右臂侧上举,两拳拳眼向上,拳心向前。目视左拳(图6-136)。

动作要点:反背锤在横向抽打时,由含胸拔背到扩胸外展,灌注腰背之力于拳背。

第六段

67.右格挡左下截

重心左移,右脚向右前方跨一步,左腿前随半步,脚前掌着地内扣,屈膝下沉成半跪步。同时,右臂自右侧经腹前顺时针向上、向右格挡后立于右肩侧,右手握拳,拳心向后,拳眼向右;左臂自右胸向下经腹前向左侧下截,左手握拳,拳心向后,拳眼向右。目视左前方(图6-137)。

图6-136

图6-137

图6-138

动作要点:右闪身要迅速,右格挡与左下截时,两臂在腹前交错发力。

68.左格挡右下截

右腿蹬伸,左脚向左侧横跨一步,右腿屈膝下沉成半跪步,右脚前脚掌内扣着地。同时,右臂向左、向下经腹前逆时针向右下截,拳心向后,拳眼向左;左臂自腰侧向右、向上经胸前向左格挡后立于左肩侧,拳心向后,拳眼向左。目视右前方(图6-138)。

动作要点:同上动67,唯方相反。

69.右左裹肘提膝下截

(1)身体稍右转,身体重心右移。右臂自右下侧屈肘上行逆时针绕臂向左裹肘,经左胸前再向下绕臂搂膝,拳心向后,拳眼向右。目视前方(图6-139)。

图6-139 　　　　　　　　　图6-140 　　　　　　　　　图6-141

(2)上动不停,重心前移,提起左膝。左臂屈肘自身后抬起向右裹肘,拳心向后,拳眼向左;右拳随身体左转向后摆成侧平举,拳心向上。目视前方(图6-140)。

(3)上动不停,右臂裹肘后经右胸顺时针向下搂膝下截,拳心向后,拳眼向右;右臂屈肘抬起置于右肩上,拳面斜向前。目视前下方(图6-141)。

动作要点:裹肘时缩肩藏头,提膝上步要连贯协调。

70.跪步架打

左脚侧前方跨一大步落地,右腿屈膝跟半步下蹲成跪步。左拳屈臂外翻上架,置于头上,拳心向前;同时右拳自肩上向前下冲拳,拳心向下,力达拳面。目视右拳(图6-142)。

动作要点:跪步架打要敛臀,上体自然挺直;架臂自然弯曲稍高于额头;冲拳直臂顺肩有力。

图 6-142　　　　　　　　图 6-143　　　　　　　　图 6-144

71.右外摆腿

重心抬起前移,右左腿交替向右前方连上两步,身体右转90°。两前臂交叉上架后,两拳变掌向右顺时针划弧一周,准备拍击右脚背(图6-143)。同时右腿向右弧形外摆,脚面绷平,当摆至面前时左右掌拍击右脚面。目视右掌(图6-144)。

动作要点:身体要随右脚摆踢旋转180°,两声击响要连贯、清脆。

72.砸丁

(1)右腿外摆腿后不落地,扔提膝成左腿独立。双掌变拳,双臂交叉下落后合抱于腹前,右臂在下,两拳眼斜向上。目视右拳(图6-145)。

图 6-145　　　　　　　　图 6-146

（2）上动不停，右脚屈膝震脚，左脚勾脚尖向左伸出成右坡腿，脚跟着地，脚尖向上。同时，双臂向前、向外分拳，力达拳背，左臂侧下举，右臂侧上举，两拳拳眼向上，拳心向前。目视左拳（图6-146）。

动作要点：同动作66。

73.左横击下蹲扣腿

（1）提左膝向右回撤半步，左拳向右侧横击，力达拳眼，拳背朝上。右臂顺势逆时针绕臂置于左腋下。目视左拳。

（2）上动不停，身体左转90°。左拳向上、向左逆时针大绕臂一周，随身体屈膝下蹲，左拳变掌向左侧下方屈肘搂抱，掌心向上，掌指向右；右拳自左腋下向右顺时针摆臂成侧上举，掌指朝上，掌心向后（图6-147、148）。

图6-147　　　　　　　　　图6-148

动作要点：右拳横击为贯拳，力达拳面；左掌扣腿时身体前倾，重心下沉。

74.提膝绕臂托掌

两腿蹬伸站起，提左膝成右腿独立。左臂屈肘向右、向上弧形托起；右掌摆掌，掌心向上，掌指朝前。目视左掌（图6-149）。

75.弧形行步穿掌

（1）左脚右前方弧形上步，脚尖外撇。左掌屈肘经胸前向右腋下平穿掌,掌心向上,掌指朝右;右臂前绕内翻向外撑掌,掌心向右,掌指朝前。目视左掌。

图6-149　　　　　　　图6-150　　　　　　　图6-151

（2）上动不停,右脚向右前方上步,脚尖内扣。连续上5步（图6-150、151）。

动作要点:行步走大弧形,身体前倾,左臂不断前伸,右掌向后将带外撑。

76.云抄手右踢腿

（1）左脚向前迈步,右掌向前摆掌（图6-152）,在左臂上向内划平圆后向上、向后摆臂成侧平举。左掌屈肘内收后外翻向前抄手,用掌背击打向前踢的右脚背。目视左掌。

图6-152　　　　　　　图6-153

（2）上动不停,左掌后击右脚背后内旋上架于头上,掌心向上,虎口朝前;右掌下落屈肘置于右腰侧,掌心向上。目视前方(图6-153)。

动作要点:云手时两掌交错要协调,左抄手与右踢脚击打点要高于腰,声音要清脆。

77.弓步撩掌架冲拳

（1）右脚前迈一步成右弓步。右掌向下划弧经右腰侧向前撩掌,掌心向上,掌指朝前;左掌内翻屈肘向右臂拍按,击打声音清脆。目视右掌(图6-154)。

图6-154　　　　　　　图6-155

（2）上动不停,右掌变拳内旋上架,拳心斜向上;左掌变拳自右胸前向前冲平拳,拳心向下,拳眼朝右。目视左拳(图6-155)。

动作要点:右掌向前撩掌,力达掌心;左拳前冲与右拳回收上架交错发力,可做成顶肘平冲拳。

78.云手舞花虚步冲拳

（1）左脚上半步,脚尖点地成左虚步(图6-156)。同时,右臂前摆经左臂上侧向下顺时针划立圆抢臂一圈(图6-157),再向下经右腿侧向后划弧半周成侧平举;左拳变掌屈肘下行划弧经腹前向前挑立掌,掌心向右。目视左掌(图6-158)。

图6-156　　　　图6-157　　　　图6-158

(2)上动不停。右拳屈肘经右肩上侧向前冲钻拳，拳眼向下，力达拳面。左掌回收立于右胸前，掌心向右，掌指朝上。目视右拳(图6-159)。

动作要点：右臂在左臂上侧云手一周半，将右臂换到左臂下侧，然后身体右转，右臂向后摆一周至肩上向前冲拳，力达拳面。

收式

1.弓步穿掌：重心后移，左腿后撤一步，两掌由体侧外旋收至腰侧，再经腋下向前上插掌成侧上举，手心朝上。目视前方(图6-160)。

图6-159

图6-160　　　　图6-161　　　　图6-162

2.开步侧平举:右脚继续向右后撤一步,双臂下摆经腰侧向外成侧平举,上体稍右转。目视右掌(图6-161)。

3.并步按掌:收左脚与右脚并齐,两手屈肘内收经面前按掌至腹前,掌指相对,掌心朝下,向左转头。目视左方(图6-162)。

动作要点:动作要慢些,两手要圆滑,按下时要挺胸收腹,呼气立直。

4.收掌直立:两臂自然下垂,两掌置于大腿两侧,掌心向里,目视前方(图6-163)。

图6-163

第七章　西北封手拳

封手拳是八门拳三大支柱之一，又分为小母子、搌母子、封手母子、封手信子、封手八快等套路。封手拳演练风格独特，身法舒展大方、抑扬顿挫，步法灵活迅捷，演练时快速有力、节奏鲜明、变化莫测、一气呵成。本章将介绍的是封手拳综合套路，是在流传于武威的封手八快套路基础上稍加改动，该套路共有60个动作，曾多次在全国武术比赛中获奖，演练时能够充分反映出封手拳的基本特征和独特风格。

封手拳手法多用八字掌，即四指依次内曲，拇指外展，虎口撑圆呈八字形。有搌、劈、砍、撩、戮、截、挂、带、掳、推、捋等技法。搌法以搌轮为主，又分为立轮、封手轮、胯轮、平轮等8种，不同搌法组合动作名称有虎步搌、提水搌、阴阳搌、画眉搌、蝴蝶搌、疯魔搌、挂搌和靠搌等15种。腿法有大小奔腿、跺子腿、袖腿、蹬踹腿、正踢腿、桩腿、扫腿、摆腿、踩腿和跤法等12种，跤法又有中字跤、走跤、抬跤、左跤和右跤等8种。身法有屈展、折叠、扭拧、旋转等，步法闪转腾挪、纵蹦跳跃、前进后退、抽身换步等，使演练敏捷快速、灵活自然、精彩纷呈。

封手拳要求一柔、二圆、三快、四扭、五松，圆中求直、直中求圆；讲究三节四梢、拧腰滚背、扭腰缩胯。封手八快要求腿快、手快、步法快、躲闪快、起伏快、转换快、转折快、跳跃快。腿法的特点主要表现为未起腿先出手,也就是说在踢腿之前先由手上的动作作掩护,然后再手脚并用,完成整个进攻动作,例如:

1.大奔腿既不同于正踢腿,也不同于一般的弹腿。是在劈、撕、架、掳等手法的密切配合下,收腹吸胯,一腿屈膝提起,突然向前踢出,快速有力,力达足尖。

2.跺子腿分为左跺子腿和右跺子腿两种。它很像侧踹腿,但跺子腿的侧身内旋幅度比较小,也不向前送胯,低于胸部。跺子腿是在手法的配合下进行的,力达脚跟和脚掌外沿。

3.蹬踹腿分左蹬踹腿和右蹬踹腿。一腿屈膝抬起,蹬踹时脚尖尽力向上、向后跷起,提膝顺腿、快速向前蹬出,力达脚跟。可踹上、中、下三盘,上盘穿心腿击打面喉,中盘窝心腿击打胸腹,下盘寸腿击打小腿、膝和裆部。

4.提斗式分左提斗式和右提斗式。在弓步时,上肢自上向前砍劈击打时,由于惯性和身体前倾导致后面支撑腿屈膝翘起称为提斗式。

第一节　套路动作名称

起式

第一段

1.双峰贯耳

2.穿掌划圆中字跤

3.绞手合腕右劈掌

4.上步连环搌

5.撤步坐莲台

6.云手左靠搌

7.云手右靠搌

8.回身绞手合腕右劈掌

9.撤步右击肘

10.仆步穿掌

11.绞手合腕右挂掌

12.左右连环捶

13.左插步右撩掌

14.转身提斗右劈掌

15.上步右撩掌

16.弓步右顶肘

17.上步连环捶

18.转身撤步捶

19.右将马步架推掌

第二段

20.右裹挑肘连环捶（画眉捶）

21.左裹挑肘连环捶

22.回身独立挂掌

23.转身麒麟步右劈挂掌

24.弓步右击肘

25.撤步埋伏式

26.上步右袖腿

27.转身里合腿

28.虚步左右插掌

29.挂顶膝跪步双推掌

30.云手挑架掌左跤

31.跪步顶肘

32.右袖腿

33.掳手左垛子腿

34.左右双合掌

35.倒搅风轮合风捶

36.朝阳势右蹬脚

37.弓步合掌

38.童子拜佛

第三段

39.左右疯魔手

40.提水捶

41.丁步靠肘中字跤

42.绞手合腕双击掌

43.虚步左将

44.跳步双劈掌

45.弓步双推掌

46.翻身行步劈掌

47.上步连环捶

48.转身裹肘歇步捶

第四段

49.左右活步花手　　　　　　　50.左挑架掌右跤

51.转身撤步双捔　　　　　　　52.右劈掌

53.挑架掌左奔腿　　　　　　　54.跳起右蹬腿

55.丁步靠肘中字跤　　　　　　56.立轮双挂左顶膝

57.弓步架插掌　　　　　　　　58.右撩掌歇步捔

59.豁打勾踢上步砍掌　　　　　60.插步摆拳击肘

收式

第二节　套路动作图解

起式

1.并脚直立:两脚并拢,立正站立。两臂自然下垂,五指并拢,掌心贴于大腿两侧。目视正南方(图7-1)。

图7-1　　　　　　　图7-2　　　　　　　图7-3

动作要点:挺胸塌腰,全身放松,呼吸自然,心平气和,精神集中。

2.虚步穿掌:上动不停,上体左转,左脚向前方迈半步,足尖点地,右脚尖内扣成左虚步。同时左掌屈肘抬起,从左向右拍按,高与眉齐;右掌向左、向上,从左腋下穿掌,经左臂外侧向右上格挡分掌(图7-2)。

3.虚步分掌:上动不停,左掌经右胸前向下、向左捋按置于左臀外侧,掌心向下,掌指朝前;右掌置于右肩上侧,掌心向左,掌指朝上。目视左前方(图7-3)。

第一段

1.双峰贯耳

身体左转90°,左脚向前上半步成左弓步。同时左臂外旋,左掌向左、向上、向左前方伸出拍按,右掌自右后向前横击,两掌心相对击响,高与眉齐,四指朝前。目视两掌(图7-4)。

动作要点:两掌击响与右腿蹬伸协调一致。右掌也可以自上向下斜劈,掌外沿砍于左掌心;右掌也可变拳横击左掌,拳眼按于左掌心。随两掌合击的惯性,也可以提起右脚成右提斗式。

图7-4

用途:直接击打来敌两太阳穴或两耳朵。或作为虚招两掌击响在来敌眼前,起到干扰注意力的作用。

2.穿掌划圆中字跤

(1)右脚上步靠拢左脚,脚尖点地。左掌屈肘拍按,右掌屈肘回收向外顺时针划平圆,经右胸前向左腋下穿掌,掌心向下,四指朝左。目视前方(图7-5、6)。

(2)上动不停,左腿屈膝单腿支撑成右虚步;右脚向前、向外顺时针划圆。右掌在左臂下同样顺时针划圆捋掌,虎口张开撑圆,掌指斜朝

上。目视右掌(图7-7)。

图7-5 图7-6 图7-7

（3）上动不停,左臂屈肘随右臂顺时针划平圆,经左胸前向左前方屈腕拍按;右掌立于右肩前,掌心向前,四指朝上。目视左掌(图7-8)。

图7-8 图7-9 图7-10

（4）上动不停,右脚向前跨一步,左脚跟随半步成右麒麟步。同时右掌向前推立掌,掌心向前,四指朝上;左掌回收立于右胸前右大臂内侧,掌心向右,四指朝上。目视右掌(图7-9、10)。

动作要点:右脚在地面顺时针划圆,具有绕过对方支撑腿之后或勾挂对方前侧虚步腿使其身体失去平衡之意。因此,左腿必须屈膝站稳,右脚勾挂面积才比较大;右脚进步与重心前移要一气呵成,身体的靠挤劲在先,右掌的前推才有根基。右脚应向右前方上步,左脚后随半步,保持两脚横向距离15cm以上,保证身体稳定性。

用途:甲方左掌拍按乙方右或左直拳、再用右掌抓握将带其手臂,使乙方进攻落空,并使其让出右半个身位,甲方利于右腿勾挂乙方虚腿或落右脚于乙方正后方阻止其撤步后退,同时上步挤靠和推掌将乙方放倒。

3.绞手合腕右劈掌

(1)左脚向左前方上一步,右脚前随半步。同时,左臂屈肘向左格挡,右臂屈肘自上向左拍按,右掌按于左肘内侧肘窝处(图7-11)。

图7-11　　　　　　图7-12　　　　　　　图7-13

(2)上动不停,身体右转90°,右前臂自左臂外侧立肘向右格挡;左臂屈肘拍按,掌心向下附于右臂肘窝处。目视左前方(图7-12)。

(3)上动不停,右掌向左拍按后屈腕经左臂内侧向下穿掌,两前臂交叉成十字后上抬;接上不停,左手向下将按,右掌屈肘抬于右肩上成朝阳势,掌心向左,掌外沿向前。目视前方(图7-13、14)。

图7-14   图7-15

(4)上动不停,左脚向前跨一大步,右脚前随半步成左麒麟步。同时右掌向前砍掌,与左掌交错继续下劈,停于左膝外侧,掌心向左,掌指朝下;左掌上挂立于右脸前侧,掌心向右,掌指朝上。目视前方(图7-15)。

动作要点:右手的拍按与外侧左手的格挡不仅使用上肢力量,还带有拧腰转肩的闪身动作。劈掌时可以以长击远,滚背探肩抡劈掌,也可以右掌短距离砍击止于左掌心。两掌在胸前左右抱球互换的过程中手腕要放松。

用途:甲方用左右绞手封锁乙方上肢进攻,然后用右掌砍击乙方脖颈处,左掌保护甲方脸颊和脖颈部位。

4.上步连环捩

(1)接上动,右脚向前一大步成右麒麟步。同时,右掌经左掌上侧向前打捩,抖腕力达掌指外侧,力尽后屈腕放松,掌心向脸,虎口朝上;左掌置于左肋外侧,掌心向上,掌指朝前。目视右掌(图7-16)。

图7-16

（2）上动不停,左脚迅速上步于右脚屈膝并步。同时,左掌向前打捩,抖腕力达掌指外侧,力尽后屈腕放松,掌心朝后,虎口朝上。右掌收于右肋侧,掌心向上。目视左掌(图7-17)。

图 7-17   图 7-18

（3）上动不停,右脚向前一大步成右弓步。右掌向前打捩,同时左掌向后打捩;抖腕力达掌指外侧,力尽后屈腕放松,掌心向后,虎口朝上。目视右掌(图7-18)。

动作要点:上步与打捩协调一致,力量源于脚,通于腰背,达于掌背。

5. 撤步坐莲台

（1）接上动,左臂向前向下划弧在右臂上侧交叉云手,两掌心向内,掌指斜向下(图7-19)。

图 7-19   图 7-20   图 7-21

(2)上动不停,右臂继续逆时针划圆一周,左臂同时逆时针划立圆云手一圈后,使左臂屈肘外旋直腕从右臂内侧穿出,掌心面向脸,掌指斜向前。目视左掌(图7-20、21)。

(3)上动不停,左脚向后撤半步成右歇步。同时左掌仰掌经右掌上侧向前穿出,掌指斜向前;右掌向后捋按停于右腰后侧,掌心斜向下,掌指向前。目视左掌(图7-22)。

动作要点:摆臂转体,左臂向前穿掌时横向发力,以摆臂带动身体上步左转,动作协调,一气呵成。撤步下蹲与左掌穿出插掌

图7-22

动作连贯。也可以向左转身一周,撤步坐莲台:

(1)向左后转身回头,收回左脚半步成左虚步,然后向右前方弧形上步。同时左手仰掌屈肘回收,经胸前向右前方穿掌;右臂内旋侧平举,掌心向下。目视左掌。

(2)上动不停,右脚向前一步,身体左转180°。左掌向左平扫一圈收于右肋处;右掌随身体左转向左平扫一周,屈肘收于左胸前,掌心向下,虎口朝里(图7-21)。

(3)上动不停,左脚后撤半步屈膝下蹲成右歇步。同时左掌仰掌经右掌上侧向前穿出,掌指斜向前;右掌向下、向右捋按停于右腰后侧,掌心斜向下,掌指向前。目视左掌(图7-22)。

6.云手左靠挤

(1)重心提起,左腿屈膝抬起。同时,左臂逆时针在右臂前侧云手一圈置于右臂下侧(图7-23、24)。

(2)上动不停,左脚上一大步落地成左横档步。同时,左臂外展向

左上侧靠击，左掌向前打採；右臂与左臂交错向后下侧横击，两掌心斜向前。目视左掌（图7-25）。

图7-23　　　　　图7-24　　　　　图7-25

动作要点：合臂时含胸拔背，两臂向左右侧分掌在一个斜面上，右腿蹬伸与拧腰、扩胸、挤靠用力顺达，利用重心的左移用肩、肘和臂发力挤靠，用大臂带动指梢节，抖腕力达掌指背侧，力尽后屈腕放松，掌心朝面，虎口朝上，高与肩平。反式亦同理。速度快时，下肢跳起空中完成交错步，上肢云手在跳起空中完成。

用途：甲方用左掌反手劈击乙方，乙方用右臂上架，甲方用右掌掳带其右臂；同时左脚落于乙方身后阻止其撤步，左臂从右腋下斜向上、向外横击其胸和颈部，并用肩靠使其向后摔倒。如果乙方撤步成功，甲方用左掌打採追击其面部。

7.云手右靠採

（1）提起左膝起跳，向左转体180°，两腿交错换步后，左脚先落地成独立。同时，右臂向左摆转半圈后在左臂前侧顺时针云手一圈置于左臂下侧（图7-26~28）。

（2）上动不停，右脚落地成右横裆步。同时右臂外展向右上侧靠击,随左脚蹬伸,右背、肩、肘向右靠挤,右掌向前打捯,左臂与右臂交错向后下侧横击,两掌心斜向里。目视右掌(图7–29)。

图7–26　　　　　　　　　　图7–27

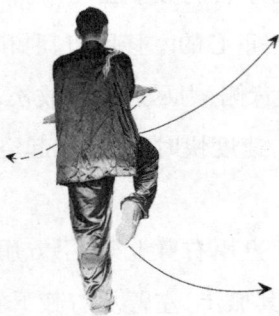

图7–28　　　　　　　　　　图7–29

动作要点:右肩前靠全凭腰肩之力,腰、肩、肘、臂四力要合成整劲,发力要沉、猛。

用途:同上动6,唯方向反。

8.回身绞手合腕右劈掌

(1)身体左转90°回头。左臂屈肘逆时针划立圆,自右向左格挡,掌心朝脸;右臂屈肘自后经肩侧在面前拍按,右掌置于左肘窝处,掌心向下。目视左掌(图7-30)。

图7-30 图7-31

(2)上动不停,左脚后撤半步。同时,右臂屈肘从左前臂外侧向右格挡,掌心朝脸;左臂屈肘向右拍按后置于右肘窝处。目视右掌(图7-31)。

(3)上动不停,身体稍右转,右掌向左拍按后屈腕经左臂内侧向下穿掌,两前臂交叉成十字向上抬起(图7-32);随即左掌向下捋按至左腹前;右掌屈肘抬于右肩上,掌心向左,掌外沿向前。目视前方(图7-33)。

图7-32 图7-33 图7-34

(4)上动不停,右脚后撤一步成左麒麟步。同时,右掌向前砍掌,与左掌上挂交错后继续下劈,停于左膝外侧,掌心向左,掌指朝下;左掌上挂立于右脸前侧,掌心向右,掌指朝上。目视前方(图7-34)。

动作要点:右掌抡劈含胸拔背,力达掌外沿。

9.撤步右击肘

左脚后撤一步成右弓步。同时,右臂屈肘后摆,大小臂折叠向前横击肘,右拳心朝下,力达肘尖;左掌前伸向右拍按在右肘尖处。目视右肘(图7-35)。

图7-35   图7-36

动作要点:撤步与击肘协调一致。左掌与右肘击打声音响亮。

用途:接上动,乙方近身向甲方攻击,甲方撤步躲闪,突然身体前倾用右肘横击其腰腹部。

10.仆步穿掌

右腿蹬伸,重心继续后移,提右膝后撤一步,左腿屈膝下蹲成右仆步。同时,左掌向左侧上穿掌,掌心向上,右掌经右腋下向后反穿(图7-36)。上动不停,右脚尖外摆,左脚尖内扣,重心前移成右弓步。同时,右掌沿右腿前穿经右脚向上挑掌,高与肩平后屈肘回收于胸前,横掌置于左腋下,掌心向右,虎口向后;左掌由后向前直臂前摆与右臂交叉上架,掌心向上,虎口向右,高与肩平。目视左掌,面向东方(图7-37、38)。

图7-37　　　　　　　　　图7-38

11.绞手合腕右挂掌

（1）接上动作，重心前移。左臂前摆与右臂交叉后屈肘向左格挡，掌心朝面。目视左掌（图7-39）。

图7-39　　　　　　　　　图7-40

（2）上动不停，右臂屈肘在左前臂外侧向右格挡，掌心朝面；左臂屈肘向右拍按后置于右肘窝处。目视右掌（图7-40）。

（3）上动不停，身体稍右转，右脚提起后撤一步。右掌向左拍按后屈腕经左臂内侧向下穿掌，两前臂交叉成十字向上抬起（图7-41）；接上动不停，左臂向外、向后摆掌，右掌屈肘抬于右肩上，掌心向右，准备向右下摆掌。目视前下方（图7-42）。

图7-41 图7-42 图7-43

（4）上动不停，右脚后撤屈腿下蹲成半跪步（图7-43）。同时，右掌顺时针划立圆，自右向左挂掌，掌心向上，虎口朝前（图7-44）。身体重心提起成左麒麟步。右掌在左掌的后摆中屈肘捞起于左胸前，右掌掌心斜向里，高与肩齐。目视右掌（图7-45）。

图7-44 图7-45

动作要点：撤步挂防重心稍低、前倾，便于迅速接下动进攻。

用法：乙方攻击甲方上盘，甲方撤步下蹲躲闪，转身面对乙方，绞手合腕防守其上肢进攻；虚晃上击后突然下蹲躲闪，随即挂抱乙方虚步的前支撑腿或者挂防其进攻腿使其身体失去平衡。

12.左右连环掫

（1）接上动作,左腿蹬伸拧腰发力,左臂外旋经左肋外侧向前掫出,抖腕放松后掌心向脸,虎口朝上;右掌收于右肋处,掌心向上,掌指朝前。目视左掌(图7-46)。

图7-46　　　　　　　　　　　图7-47

（2）上动不停,左掌收回,右掌从左掌上侧掫出,抖腕放松后掌心向右,虎口朝上。目视前方(图7-47)。

动作要点:拧腰与打掫协调一致,收则团身,放则外掫,发力冷脆。可以右脚上步成右弓步连环掫,前掌为阴,后掌为阳,连环掫也叫阴阳掫。

13.左插步右撩掌

右脚向前上一步,身体左转;同时右臂屈肘立起向左裹肘(图7-48)。上动不停,身体继续左转(共180°),左脚向右腿后侧插步成右麒麟步。同时左臂经右臂内侧穿掌逆时针向前摆掌,掌心向下,掌指朝前;右前臂向左下拍按后,经右大腿外侧向后撩掌,虎口朝下,力达掌外沿。目视后方(图7-49)。

动作要点:右臂向前、向下摆掌和右臂向后、向上反撩掌发力一致、通达。演练中,速度较快,左腿蹬伸向前跳起后迅速向后插步,身体左转180°,左脚落脚同时后撩掌随即完成,跳起不宜过高。

图 7-48

图 7-49

用途:乙方右摆拳,甲方屈右臂向左裹肘,随左掌格挡捋带,左脚向右后侧插步,同时右掌向下、向后撩掌,击打其裆部。

14.转身提斗右劈掌

接上动作,身体左转翻身。同时左臂屈肘内旋,曲腕向左腋下反穿掌(图7-50);右臂向下向前回摆半圈。随身体翻身180°,右腿蹬伸,重心前移,左臂外旋前伸,掌心向上,虎口朝左(图7-51);上动不停,右掌

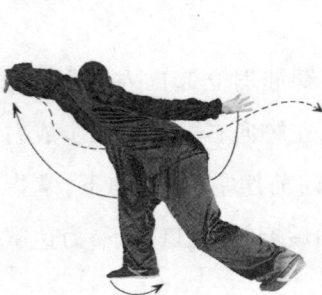

图 7-50

图 7-51

经头上向前抡劈掌,力达掌外沿,按压于左掌心,虎口朝上(图7-52)。右脚随身体前倾和右臂劈掌的惯性向后提起成提斗式。目视右掌(图7-53)。

图7-52　　　　　　　　　　　　　　图7-53

动作要点:左掌反穿与向左翻身连贯协调,动作具有隐蔽性,但躲闪空间小。也可以左脚向左前方上步,左掌向左捋抓,右脚弧形上步扣膝转体180°,面对来敌斜砍右掌,该动作躲闪空间大,但用时长,隐蔽性差。

用途:转身面对来敌,左手拍按或捋带其左(右)直拳,身体前倾,右掌猛砍其左脖颈部位。

15.上步右撩掌

接上式不停,右脚屈膝抬起向前上一大步成右弓步。左臂前伸内旋,左掌曲腕拍按,掌心向下,虎口朝后(图7-54);右掌借左掌的反作用力,上摆划立圆,顺时针抡臂一圈,经右腿外侧向前撩掌,力达掌上沿,掌心向左。左掌按于右前臂上侧,目视右掌(图7-55)。

图7-54   图7-55

动作要点：闪身提膝，右掌回摆，要含胸收腹，上体前探进步撩掌，身法要低，以腰发力，力贯指尖。

用法：接上式，若乙方架开甲方的右劈掌，同时抬腿向甲方的下部踢来，则甲方右腿急屈膝提起，避开乙方所踢之腿，左掌拍按乙方进攻之手，立即反攻，右脚向前进步，右掌向乙方裆部撩击。

16.弓步右顶肘

右脚向前上一大步成右弓步。左臂屈肘向左格挡，同时右掌屈臂立肘随身体左转向左拍按；上动不停，右掌拍按到胸前变拳，前臂水平时向右顶肘，拳心向下，力达肘尖（图7-56）；左臂伸直成侧平举，掌心向前，虎口朝上。身体右倾，目视右肘（图7-57）。

图7-56   图7-57

动作要点:右掌拍按时,含胸拔背,右顶肘时与左腿蹬伸配合一致,扩胸外展。

用法:接上式,甲方用右掌撩击乙方裆部,如对方化避开甲方右掌,同时向甲方击来,甲方即上体回闪左转,右臂屈肘抬起向左裹肘,右脚回收半步,然后平肘向右击肘,力达肘尖;右脚上半步成右弓步,身体右倾。如果乙方另一手又向甲方击来,甲方即出左掌与右掌向左右封挂对方两手,随即出右肘顶向乙方右胁处或腹部。

17.上步连环揾

(1)借右击肘之势,右臂伸展,右掌向前打揾。上动不停,左脚上步靠拢右脚成丁字步;左掌下行,屈肘收回左腰侧,掌心向上,掌指向前。

(2)上动不停,左脚向前一步成左麒麟步。同时,左掌向前从右掌上侧揾出,掌心斜向后,虎口朝上;右臂内旋,右掌翻掌下捋,按于右腰侧。目视左掌(图7-58、59)。

图7-58　　　　　　　　　　图7-59

动作要点:上步与打揾协调一致,收则团身,放则外揾,发力冷脆。

18.转身撤步揾

(1)身体重心回移右转团身。同时左臂屈肘外旋,随转体向右裹肘,掌心朝面;右掌上穿置于左肘窝处,掌心向里,虎口朝上。目视左掌。

(2)提起右脚后撤一步成左弓步,身体前倾(图7-60)。右掌向前撅出,虎口朝上,力达掌指背侧;同时左掌向后撅出,掌心斜向里,虎口朝上。目视右掌(图7-61)。

<table>
<tr><td>图7-60</td><td>图7-61</td></tr>
</table>

动作要点:撤步落脚蹬伸发力与打撅协调一致,收放自如,发力冷脆。

用途:乙方向左躲闪甲方的左右撅打,并上步进攻甲方右侧,甲方右转撤步裹肘防守,回击其右腰部。

19.右挒马步架推掌

(1)左掌自后向上、向前划立圆半圈,掌指、掌心斜向前抓按;同时右掌屈肘回收于右胸前,与左掌成阴阳掌,掌心、掌指斜向上,且低于左掌。目视左掌(图7-62)。

(2)上动不停,身体稍右转,重心后坐。两掌向右下侧挒掌,左掌随右掌后拽向下挒按。目视左掌(图7-63)。

(3)上动不停,上体右转,左弓步变成右偏马步。右掌后拽,上摆,置于头部右侧上方,掌心向上;左掌屈肘下挒,在左腹前旋腕向前击掌成马步击掌,虎口斜向后,高于肩平,力达掌根。目视左掌(图7-64)。

图7-62　　　　　　图7-63　　　　　　图7-64

动作要点:双掌下捋时,身体重心向右下沉;推左掌时,右腿发力,身体重心稍左移。

用途:乙方右直拳进攻甲方中堂,甲方双掌向右下捋带,然后左掌猛击其右腰部。

第二段

20.右裹挑肘连环捋(画眉捋)

(1)接上式,左脚向右前方弧形上半步,脚尖外展,右脚不变。同时,左掌前臂外旋,翻腕转掌,由左向下、向右、向上、向左划一平圆捋带,然后外旋翻掌,掌心向上,虎口向外,高与眉齐;右掌向后下摆回收于右胁处,掌心向内,虎口向前。目视左掌(图7-65)。

(2)上动不停,右脚向前迈进一步成右麒麟步。同时,右掌从左腋下穿掌向上;同时随左臂内旋,屈肘向右拍按于右腋前下方,掌心向下,虎口向内;右臂立肘从左向右格挡的同时向前挑肘顶出,掌心向里,虎口向下,掌指斜向后方护脸,高与眉齐。目视右肘(图7-66)。

图7-65　　　　　　　　图7-66　　　　　　　　图7-67

（3）上动不停，左腿蹬伸成右弓步，身体向右稍拧转。同时，左掌由右臂内侧经右掌上侧向前打揾，掌心斜向后，高于面颈；右掌屈肘回带，置于右胁外侧，掌心向上，虎口斜向外。目视左掌（图7-67）。

（4）上动不停，身体向左拧转。右掌由右肋侧经左掌上侧向前打揾，掌心斜向后，高于面颈；左掌屈肘回带，置于左胁外侧，掌心向上，虎口斜向外。目视右掌（图7-68）。

图7-68　　　　　　　　图7-69　　　　　　　　图7-70

（5）上动不停，再重复左右打揾各一次（图7-69、70）。

动作要点：右肘上挑与右脚上步、左掌回收与右掌揾出要有机配合,右掌画眉捋力发于肩,达于腕指,肩肘腕指均须放松,不可有丝毫僵力拙劲。

用途:右臂向前格挡将带改变乙方冲拳的击打方向和延缓其收拳速度,甲方右臂屈肘穿掌格挡,上架对方来拳后挑肘顶其胸膛;右脚上步为闯步,左脚可随前小半步,可使乙方后倒。如果乙方缩胸躲闪,甲方即画眉捋连击对方面部。

21.左裹挑肘连环捋

(1)接上式,重心后移,右脚提起向左前方弧形上半步,脚尖外展,左脚不变。同时,右掌前臂外旋,翻腕转掌,由右向下、向左、向上、向右绕一平圆捋带,掌心向上,虎口向外,高与眉齐,左掌于右胁处不变。目视右掌(图7-71)。

图7-71　　　　　　图7-72　　　　　　图7-73

(2)上动不停,左脚向前迈进一步成左麒麟步。同时,左掌从右腋下穿掌向上,同时右前臂内旋,屈肘向左拍按于左腋前下方,掌心向下,虎口向内;左臂立肘从右向左格挡的同时向前挑肘顶出,掌心向里,虎口向下,掌指斜向后方护脸,高与眉齐。目视左肘(图7-72)。

(3)右腿蹬伸成左弓步,身体向左稍拧转。同时,右掌经左臂内侧从左掌上向前打揾,掌心斜向后,高于面颈;左掌屈肘回带,置于左胁外侧,掌心向上,虎口斜向外。目视右掌(图7-73)。

(4)上动不停,身体向右拧转。左掌经右臂内侧从右掌上侧向前打揾,掌心斜向后,高于面颈;右掌屈肘回带,置于右胁外侧,掌心向上,虎口斜向外。目视左掌(图7-74)。

图7-74   图7-75   图7-76

(5)上动不停,再重复右左打揾各一次(图7-75、76)。

动作要点:同上动20,唯方向反。

22.回身独立挂掌

重心后移,提起左脚成右腿独立。右臂伸直顺时针摆臂半圈于头右上侧,掌心斜向外;左臂屈肘顺时针向右拍按后向下、向前挑掌,掌心向右,虎口朝前。目视前方(图7-77)。

动作要点:两臂交叉云手与左腿提起用力协调一致。

用途:上肢云手防乙方上肢进攻,左腿提起躲闪乙方横踢腿或扫腿。

23.转身麒麟步右劈挂掌

(1)身体前倾,左脚向前上步。同时,左掌向前挑掌,掌心向右,虎口朝前;右掌向下、向前随摆(图7-78)。

图7-77　　　　　　　　　　　图7-78

　　(2)上动不停,身体左转180°,右脚屈膝提起向前一大步,左脚可随惯性向前垫步成右麒麟步。左臂上摆经头顶时内旋180°,虎口向后,掌指朝上,然后向左后方抡劈掌,力达掌外沿,掌心向右,掌指朝前。目视左掌(图7-79)。

图7-79　　　　　　　　　　　图7-80

　　(3)上动不停,右掌向前上摆动,右臂外旋180°,经头顶向前、向下劈掌一周,掌心向左,掌指朝下。同时左掌向上回挂掌立于右脸前,掌心向外,虎口朝后。目视前方(图7-80)。

动作要点：左掌向前挑掌前引，身体重心前移和左脚上步发力顺序协调；左脚垫步转身，两臂拧转180°，在运动中改变掌的方向要连贯；向左后侧劈挂掌凶狠有力，腰背发力，力达掌外沿。

用途：左掌挑击乙方进攻手臂，上步绕行到乙方左侧后方，劈砍来敌脖颈部位。

24.弓步右击肘

接上动不停，身体重心先后移，左脚向后落脚成右弓步。同时左掌向左、向前伸立掌拍按；右臂回收右掌于右胸前变拳，拳心向下，大小臂靠拢后向前、向左平扫肘；左掌迎击右肘外侧，掌心附于右臂肘关节处，虎口向上。目视右肘（图7–81）。

图7–81　　　　　　　　　　图7–82

动作要点：左脚后撤时，上体后移躲闪，左脚落地后蹬伸发力，随身体拧腰左转前倾，右肘向前、向左横击于左掌心，拳心向下，力达肘尖。拍击响声清脆。

25.撤步埋伏式

接上动不停，右脚向后回撤一步；左脚尖点地，成虚步。同时，右掌屈肘回捋，向身后摆臂；左掌前伸成侧平举。上动不停，左脚再后撤一步，两腿屈膝下蹲成右歇步或跪步。右掌置于身后上方，掌心向左，虎口朝下；左掌屈肘顺时针划圆拍按半圈，掌心向下，虎口朝胸。目视前方（图7-82）。

动作要点：连续撤步躲闪，重心下降准备进攻。

26.上步右袖腿

重心提起，左脚向前屈膝落步（图7-83）。右脚屈膝提起向前蹬踹，高不过腰，力达脚跟。同时，右掌由左臂上侧穿出，随右脚前踹向前插掌，掌心向上，四指朝前；左掌屈肘置于右腋下，掌心向下，四指朝右。目视右掌（图7-84）。

图7-83

图7-84

动作要点：右袖腿又叫穿枝腿，右脚前蹬与右掌前插要同时进行，劲力要完整合一，协调一致。

用法：甲方用右脚向敌之腹部、阴部或膝关节踢击，同时用右掌插击乙方咽喉。若乙方后退避化甲方右脚，乙方则右脚向前落步，左脚里合腿向甲方之面部击打。

27.转身里合腿

接上式不停，右脚撤步，上体右转180°，左脚里扣，右脚尖落地后脚跟内转（图7-85）。右臂随转体向后、向外摆，随上体右转两掌顺时针向右平摆；左脚向右、向前摆踢，脚尖上跷，身体再右转180°（图7-86）。同时两掌随左脚里合摆向左迎击左脚内侧，右掌虎口向上，掌心向左，左掌虎口向下，掌心向外。目视两掌（图7-87）。

图7-85   图7-86   图7-87

动作要点：上体右后转要灵活，左脚里合幅度要大，速度要快，力量要猛；两掌拍击，密切配合，恰到好处，左掌在前，右掌在后，两次连击要清脆有力。向右转体共计一圈半。

用法：若乙方从甲方身后偷袭，甲方则身体右转，以左脚向乙方面部横击。

28.虚步左右插掌

（1）接上式不停，重心前移，右脚上步脚尖点地成右高虚步，身体拧腰左转，右脚尖内扣发力（图7-88）。右掌在左臂上侧划平圆翻掌舞花；左掌屈肘翻上向左后捋带，掌心向左，虎口朝前；右掌迎面伸出，掌心向上，十指自然分开，两手缓慢地向上、向左弧形拖带。目视右掌（图7-89）。

（2）上动不停，当右掌至自身胸前，左掌与左肩接近平行时，两掌力未尽突然改变方向，身体右转，右脚跟内摆，重心向左移动。同时，左臂外旋,翻掌向前插掌,掌心向上,掌指朝前;右手配合左手运动,右臂抬肘内旋,右掌向内翻转并向右肩外捋带,掌心向外,虎口朝前。目视左掌(图7-90)。

图7-88　　　　　图7-89　　　　　图7-90

（3）上动不停,左臂插掌伸直或向前受阻再次改变发力方向,右脚尖内扣发力,身体右虚步站立向左拧转。同时,左臂内旋抬肘,左掌回收顺时针翻掌并向左肩外捋带,掌心向外,虎口朝前;右手配合左手运动,右臂外旋,翻掌向前插掌,掌心向上,掌指朝前。目视右掌(图7-91)。

动作要点:虚步左右插掌又名蛇缠掌。两手相互配合,转身拧胯与穿掌配合要协调,插掌进攻

图7-91

与捋带防守相互转化。左掌前穿时前臂尽力外旋、拧腰、扩胸、左肩前送;同时右肩向右外拉,形成左肩向前探,右肩向后拽之势。反向时,先拧转右脚,带腰肩左转,长期周而复始地练习,待日久功深,左手翻转时要加上拇指根部往回勾挂的意念,使两臂两手腕部产生螺旋之力,如蛇缠物,松紧适宜,故名蛇缠手。

用法:乙方左拳打来,甲方用左手向左捋化,右掌托其左肘向左捌。对方回拽时,甲方右手内旋蛇形缠其左臂,左掌借力从敌方左臂下侧向其目部和喉部戳击,当乙方右手化解后,甲方迅速反向用力,左掌内旋蛇形缠其左臂,向左侧捋化,右掌捋带后外旋经其腋下插其咽喉部。

29.挂顶膝跪步双推掌

(1)接上动作,提起右膝上顶。同时左前臂内旋与右前臂十字交叉于胸前外撑,两掌心向上,虎口相对。目视两掌(图7-92)。

 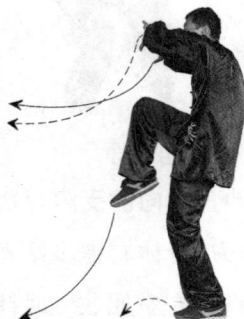 

图7-92   图7-93   图7-94

(2)随身体重心前移,上体前倾。两掌分别内旋,经右膝前向下、向外挂掌,力达掌外沿;两掌不停外摆分掌成侧平举,掌心向上,虎口朝后。目视前方。

(3)上动不停,左腿弯曲下沉,右脚大步前跨。同时左右两掌屈肘向后、向内画平圆,两肘外分,两掌心向前,虎口朝下,分别置于左右肩上。目视前方(图7-93)。

(4)上动不停,右脚向前跨落地,左脚前随半步屈膝下蹲成半跪步,同时两手横掌前推。两掌心向前,虎口朝下,高与肩齐。目视前方(图7-94)。

动作要点:乙方攻击甲方右腿,甲方提膝躲闪或顶膝,两掌下挂分掌防守其腿踢,速度要快,力量要大;两掌架于肩上时要团身低伏,右脚前跨与左脚前随要协调一致,两掌前推发力推其腰部。

　　用途:乙方向甲方踹腿和侧踢,甲方提膝躲闪并摆臂外挂接其来腿,乘其重心不稳进步猛推其腰腹部。

　　30.云手挑架掌左跤

　　(1)重心提起前移于右腿,左脚上步。右臂经左臂外侧向左、向后、向上挂臂云手,上举置于右侧头上,掌心向左,掌指朝上;左掌置于左腿后侧,掌心向内,虎口朝前(图7-95)。

　　图7-95　　　　　　图7-96　　　　　　图7-97

　　(2)上动不停,右掌向左下劈掌,置于左腋下,掌心向外,虎口朝前;左掌上挂于右胸前,掌心向外,虎口朝后。目视前方(图7-96)。

　　(3)上动不停,右腿弯曲独立,左脚向右侧上勾踢,高不过膝。同时,左掌屈肘向左下侧捋带置于大腿后侧,掌心向下,虎口朝前;右掌反向右肩上挑掌,与肩高时内旋翻掌上架,置于头右前上侧,掌心斜向上。目视前方(图7-97)。

　　动作要点:左脚勾踢与左掌捋带、右掌前挑同时发力,协调一致,保持身体平衡。

用途:右掌的劈掌和挑架掌破开乙方进攻,左脚勾踢使其失去平衡,同时左手捋拽,使其摔倒。

31.跪步顶肘

左脚向前迈进一步,右脚前随半步,两腿屈膝下蹲成右跪步。同时,左臂自后向左、向前屈腕搂抱,用左掌拍击右肘;右掌前臂内旋回收扩胸后引,右掌变拳置于胸部前方,大小臂折叠后向前、向左扫肘,击打于左掌心,肘尖朝前,左掌虎口斜向上。目视右肘尖(图7-98)。

图7-98   图7-99   图7-100

动作要点:低重心顶肘为窝心肘。右肘横击要转身拧腰,以腰动带动肩,以肩动带动肘,左掌拍击与右肘前扫同时进行,配合默契,肘掌相击要劲整、声脆。

用法:如乙方提膝撤步化解甲方勾踢左跤,甲方则左掌屈肘回带乙方右手,右掌回带乙方左手,并同时右臂屈肘前击乙方心窝和肋部。

32.右袖腿

(1)右脚上步屈膝落步,脚尖外展,左脚再上一步屈膝落地。同时,左前臂内旋前伸拍按,右掌回带于右肋外侧,掌心向上,虎口向外。目视左掌(图7-99)。

（2）上动不停,右脚提膝向前蹬踹,脚尖朝上,力达脚跟。同时,左掌内旋下按,右掌由右胁处向前经左掌上侧插掌,掌心向上,虎口朝外,稍高于右脚;左掌回收置于右腋下,虎口向后。目视右掌(图7-100)。

动作要点:右掌前穿、左掌拍按与右腿蹬踹有机配合,节奏鲜明,一气呵成,合为整劲。表演时可做成穿心腿或窝心腿,动作幅度大。

33.捋手左垛子腿

（1）接上式,右脚向前迈一步,脚尖外展。同时,右掌向前抓捋,虎口向左,掌心向前,置于头部右前方,略高于头;左掌屈肘后摆,置于右腰后侧,虎口向后,掌心向下。目视左前方(图7-101)。

图7-101　　　　　　　　图7-102

（2）上动不停,上体右转,左脚屈膝回收后向前蹬踹(图7-102),脚尖里扣成横状,高与腰齐;同时右掌前臂内旋向上,掌心斜向上。目视左脚(图7-103a)。

动作要点:稍不同于侧踹,垛子脚不高于腰,胯关节不打开前顶,身体稍前倾。左脚蹬踹要狠,力达脚外沿和脚跟。表演时为了好看可做成侧踹腿,身体右倾,左脚击打位置要高,幅度要大,左掌前推与左大腿外侧,右掌架于头上右侧(图7-103b)。

图 7-103

用法：乙方右手直拳攻击，甲方用右手向右捋带其右臂，左脚蹬踹其右膝或右腰处。

34. 左右双合掌

（1）接上式不停，身体右转90°，左脚收回，脚前掌着地成右麒麟步或高虚步。同时，右掌下按屈肘抱球于胸前，掌心向下，虎口朝里；左掌自左腰侧屈肘收于腹前抱球，掌心向上，虎口朝外。目视右掌（图7-104）。

图 7-104 　　　　图 7-105 　　　　图 7-106

（2）上动不停，两掌在胸前分别顺时针绕一横向立圆，右掌缠绕翻掌在下，左掌在上，两掌心相对，右掌虎口向前，左掌虎口向后。目视左掌（图7-105）。

（3）上动不停,两掌在胸前分别逆时针绕一横向立圆,左掌向外缠绕翻掌在下,右掌在上,两掌心相对,右掌虎口向后,左掌虎口向前。目视右掌(图7-106)。

动作要点:两掌绕横向立圆护胸和脸,要松肩活腕,灵活自如,连贯协调,不可用拙力僵劲。

35.倒搅风轮合风摆

（1）上动不停,重心向前移于右腿,左掌由下向前、向上绕一纵向立圆横掌上挑;右掌由上向里、向下绕同一立圆,分别置于胸前和腹前,左掌在下,右掌在前上,两掌心向里,虎口向上。目视右掌(图7-107)。

图7-107　　　　　　图7-108　　　　　　图7-109

（2）上动不停,左掌由下、向前、向上绕同一纵向立圆横掌上挑;右掌由上、向里、向下绕同一立圆,分别置于胸前和腹前,右掌在下,左掌在上,两掌心向里,虎口向上。目视左掌(图7-108)。

（3）重复上动作,两掌倒搅风轮半周或一周半(图7-107~109)。

（4）上动不停,当右掌再次上挑至肩高时继续向上架于头顶上侧时,右腿屈膝震脚,左脚脚尖上翘向前勾踢成左坡腿。同时,左掌下按置于左大腿外侧,掌心向下,掌指朝前。目视前方(图7-110)。

图7-110　　　　　　　　　　图7-111

（5）上动不停，右脚蹬伸重心前移。左掌向前打搌，抖腕力达掌指外侧，力尽后屈腕放松，掌心向内，虎口朝上；随即右掌自肩上向前下砍，置与左掌心，高于肩齐，力达右掌外沿，虎口朝上；左掌与右掌相合，虎口斜向前。目视右掌（图7-111）。

动作要点：两掌绕纵向立圆挑挂敌方来拳，要松肩活腕，灵活自如；左掌后摆、左脚勾踢与右掌上架动作协调，发力一致；重心前移，左掌打搌稍快于右劈掌；右掌向前砍掌时，发力于腰背，击打冷脆，与左掌击响。左脚可以向前进半步，右脚随身体前倾可屈膝提起做成提斗砍掌。

用法：如乙方连环向甲方冲拳，甲方可连环向上挑化，并用右掌架起对方右拳，用左掌击打对方面部，然后右掌砍击乙方脖颈部位，以长击远。

36. 朝阳势右蹬脚

左脚踏实，右腿屈膝上顶，向前蹬踢，脚尖上跷，低于腰腹部。同时，左右两掌旋臂翻腕，左掌继续向上回挂挑架，置于左肩上侧，掌心斜向上，高于头顶；右掌向下劈掌掳带，置于右大腿外侧，虎口朝前，掌心向里。目视右脚（图7-112）。

图7-112　　　　　　　图7-113　　　　　　　图7-114

动作要点:右脚前蹬以脚跟着力,脚尖上跷,高不过腰。

用法:若乙方以右拳或左拳化格甲方劈击之掌,甲方则右掌屈肘回拽乙方化格之拳,同时右脚向乙方之膝关节或小腹部迎面蹬踹,左掌曲腕上挑,然后内旋上架。

37.弓步合掌

接上式,右脚后撤一步成左弓步,上体前倾。同时,两掌左右分开,向前绕一大平圈合击,两掌心相对,虎口向上,两掌高与肩平。目视两掌(图7-113)。

动作要点:身体随右脚撤步先后移,然后突然随两掌合击前倾探出,两掌合击于右腿蹬伸要连贯协调,劲力完整,击响清脆。

用法:如乙方化开甲方正踹腿并向甲方反击时,甲方则后退以两掌化格开乙方踢来之腿,然后两掌向乙方左右太阳穴合击。

38.童子拜佛

接上式,左脚向右脚后插步,脚尖点地,屈膝下蹲成右歇步。同时两掌屈肘相合,置于胸前成拜佛式,两掌心相对,掌指均向上。目视前方(图7-114)。

第三段

39.左右疯魔手

（1）接上式，左脚向左侧开步。左掌自右臂上侧向右、向前、向左划平圆捋按，高与肩平；同时左掌自前向左经左胸前向右划平圆捋带，俯掌屈肘置于右胸前。目视前方（图7-115）。

图7-115　　　　　图7-116　　　　　图7-117

（2）上动不停，右脚向前上半步，左脚向前迈一步，足尖点地，成左高虚步。同时左掌屈肘回收经胸前向右腋下穿掌，右掌在左臂上侧曲腕划平圆捋带，右掌指朝上，掌心向外。目视右掌（图7-116）。

（3）上动不停，左脚再上半步成偏马步。同时左掌从右腋下弧形向前、向左横击掌，力达掌外沿，掌心向下；右掌向右捋带俯掌停于右肋前。目视左掌（图7-117）。

（4）上动不停，右脚向右开步。右掌自右胸前向左、向前，在左臂上侧向右划平圆捋按，高与肩平；同时左掌自前向右经右胸前向左划平圆捋带，俯掌屈肘置于左胸前。目视前方（图7-118）。

（5）上动不停，身体左转，左脚向右摆步或向后插步，右脚向前迈一步，足尖点地，成右高虚步。同时右掌屈肘回收经胸前向左腋下穿掌，左掌在右臂上侧曲腕划平圆将带,左掌指朝上,掌心向外。目视左掌(图7-119)。

图7-118　　　　　图7-119　　　　　图7-120

（6）上动不停,右脚再上半步成偏马步,同时右掌从左腋下弧形向前、向右横击掌,力达掌外沿,掌心向下;左掌向左将带俯掌停于左肋前。目视右掌(图7-120)。

动作要点:两掌在腋下绕平圆,配合要协调;实践中,左右活步要灵巧,疯魔手左右掌上穿和下穿掌都向前方横扫击打,上击咽喉下击腰腹,都要送肩、活肘、抖腕,发扩胸与两掌交错的合力,力贯掌外沿,上体略前倾。

用法:若乙方用左手或右手格架甲方前戳的右掌,甲方即右掌回带化开乙方格架之手,同时左掌连防带攻向乙方脸和咽喉处横击,受阻后,迅速向外将化从右臂下侧向乙方腹部横击。右侧同理。

40.提水捋

（1）接上动,右脚跟内旋,右腰后拧发力。同时,左掌从左胸前俯掌下按,右掌屈肘外旋翻掌向上击掌,掌心向上。目视右掌(图7-121)。

图 7-121

（2）上动不停，右脚跟外旋，脚尖蹬伸，右腰左拧发力。同时，左掌外旋翻掌仰掌上托；右掌屈肘内旋翻掌向下砍压，力达掌跟和掌外沿。目视右掌（图 7-122、123）。

图 7-122   图 7-123

动作要点：两掌的上下交错发力与腰胯拧转向左下拉拽协调一致，力整劲脆。

用法：左手捋带来敌直拳并下按，右掌突然翻掌自右下向上击打其肘部反关节，如对方屈肘回抽，则迅速翻掌砍压其肘部反关节，左掌配合拧转其手臂。

41.丁步靠肘中字跤

（1）接上动,右脚靠拢左脚,脚尖点地。右掌抬起立肘向左裹肘,同时左掌依次向左、向上、向右画弧拍在右前臂内侧。目视前方(图7-124)。

图7-124　　　　　图7-125　　　　　图7-126

（2）上动不停,右脚前点成右虚步。右掌向左拍按经左肘内侧向左腋下穿掌,掌心向下,四指朝左(图7-125)。

（3）上动不停,右脚屈膝向前、向外顺时针划圆,收于左脚旁成丁字步;同时右掌在左臂下同样顺时针捋带划圆,虎口张开撑圆,掌指斜朝上,立掌置于右胸前;左臂屈肘随右臂顺时针划平圆,经左胸前向左前方屈腕拍按。目视左掌(图7-126)。

（4）上动不停,右脚向右前跨一步(图7-127),左脚跟随半步成右麒麟步。同时,右掌向前推立掌,掌心向前,四指朝上;左掌回收立于胸前右大臂内侧,掌心向右,四指朝上。目视右掌(图7-128)。

动作要点:同上动2进步中字跤。

图7-127   图7-128   图7-129

42.绞手合腕双击掌

（1）左脚向左前方上一步，右脚前随半步。同时，左臂屈肘向左格挡，右臂屈肘自上向左拍按，右掌按于左肘内侧肘窝处（然后两臂翻掌即为胸前左抱球）。目视前方（图7-129）。

（2）上动不停，身体稍右转，右前臂自左臂外侧立肘向右格挡；左臂屈肘拍按，掌心向下附于右臂肘窝处。目视左前方（图7-130）。

图7-130   图7-131   图7-132

（3）上动不停，右掌向左拍按后屈腕经左臂内侧向下穿掌，两前臂交叉成十字（图7-131）；上动不停，右脚向前落步成右弓步，同时左右两掌分别向左、向右绕一平圆向前合击，右掌虎口置于左掌心，右掌心向下,左掌虎口向上,掌心向里,两掌高与头平。目视两掌(图7-132)。

动作要点:绞手合腕带有拧腰转肩的闪身动作,在行进间手脚配合协调,也可原地完成;两掌合击为双峰贯耳,要顺肩展肘,两臂尽力前伸,快速有力,击响要清脆,上体尽力前倾。左脚可以随惯性屈膝向后抬起保持身体平衡。

用途:接上式不停,绞手合腕化敌上肢进攻迅速右脚上步,同时两掌分别向敌之左右两耳和太阳穴合击。

43.虚步左捋

重心前移,左脚上半步成左虚步。同时两掌内旋成俯掌向左下捋按,置于左大腿外侧,掌心向下,掌指朝前。目视右掌(图7-133)。

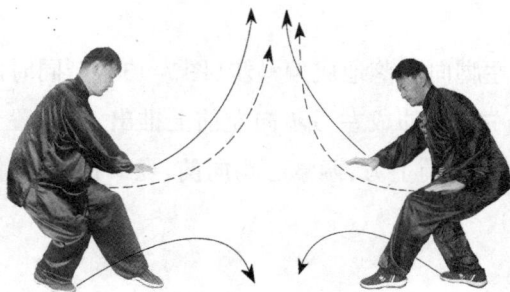 

图7-133　　　　　　　　　　　　图7-134

动作要点:可以做成向左坡步后坠,即左千斤坠(图7-134)。

44.跳步双劈掌

重心前移,右脚向前上步(图7-135),双臂向前交叉上摆跳起,左臂在下。身体在空中向右转体270°左右,两臂经头顶向两侧劈掌至臀部两侧,掌心向外,掌指朝下。目视右侧(图7-136)。

图 7-135　　　　　　　　图 7-136

动作要点：右腿随双臂前摆跳起，不宜过高，向前平移，同时右转身，左掌反手劈击对方。

45.弓步双推掌

接上式，右脚先落地，左脚向后落地成偏马步（图 7-137）。同时两掌屈肘内旋经两肩外侧随右腿蹬伸成左弓步向左前上推出，左掌置于头部左侧前下方，右掌置于上体前上方，两掌心均向前，虎口相对，上体左倾。目视右掌（图 7-138）。

图 7-137　　　　　　　图 7-138　　　　　　　图 7-139

动作要点：右脚落步，右脚上步，要连贯协调；两掌前推，上体要尽力左倾,两掌要尽力前推,力贯两掌根。也可以做成左弓步平推掌,两掌屈肘内旋经胸前向前推出,两掌高与肩平,掌心均向前,掌指朝上。

用法:两掌化开敌之两手,回身向敌肩背部推掌。

46.翻身行步劈掌

(1)身体翻身右转,右脚尖回扣,左腿蹬伸重心前移,左脚顺势向前上步,身体稍后仰蓄劲;同时右臂向前抡臂至头顶前上侧,掌外延向前。目视前方(图7-139)。

(2)上动不停,重心继续前移,左脚上步后(图7-140),右腿提膝上摆,重心迅速前移并向前大跨步(图7-141)。右手由头顶向前劈将掌,左掌由后绕至肩上。上动不停,左脚向前跟进半步成右麒麟步,同时左掌抡臂向前下方发力劈掌,高与肩平,掌心向内,虎口朝上,力达掌下沿;右掌下摆经右胯绕至肩后上,掌心向前,虎口朝上。目视左掌(图7-142)。

图7-140　　　　　　　图7-141　　　　　　　图7-142

动作要点:跨步劈掌时左右臂如杠杆,但双臂微屈合腕,左臂的劈掌与右臂的挑掌同时发力后骤然停顿。

47.上步连环振

(1)接上式,身体重心前移,左脚向前一步成左麒麟步。同时右掌向前打振,高于肩平;左掌外旋屈肘收于左肋侧,掌心向上,虎口朝外。

目视右掌(图7-143)。

图7-143　　　　　　　图7-144　　　　　　　图7-145

(2)上动不停,身体重心继续前移,右脚向前上步成并步。同时左掌向前打捩,高与肩平;右掌外旋屈肘收于右肋侧,掌心向上,虎口朝外。目视左掌(图7-144)。

(3)上动不停,右腿提膝继续上前一大步成右弓步。同时身体左转90°,两掌左右分别同时打捩,高与肩平,两掌心相对,虎口朝上。目视右掌(图7-145)。

48.转身裹肘歇步捩

右脚跟外旋,同时右腿蹬伸,身体左转90°。右臂屈肘向左裹肘,掌心向脸,掌指朝上;左臂屈肘回收于腹前,掌心向里,虎口朝上。上动不停,左脚后撤一步成右歇步(图7-146)。同时,左掌经右掌上侧向前打捩,力尽放松后掌心向里,虎口朝上;右掌屈肘收于右肋侧,掌心向上,虎口朝外。目视左掌(图7-147)。

动作要点:左转右裹肘需拧腰滚背团身,左掌捩出时与右掌勾挂发交错之力。

用法:乙方在甲方右捩时向右开步躲闪或横击甲方左侧,甲方迅速左转裹肘防守并下蹲打捩,击打其腹裆部。

图7-146

图7-147

第四段

49.左右活步花手

（1）接上式,提起重心站立,左脚向前上半步成左高虚步。同时,右手前上举高于左臂,并与左臂交叉后内旋左挂(图7-148),继续向后、向上云手摆臂,上举于头右上侧立掌成右朝阳式,虎口朝后;左掌下摆置于左腿后侧成立掌,虎口朝前。目视前方(图7-149)。

图7-148

图7-149

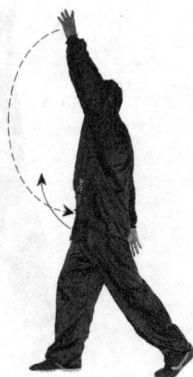

图7-150

（2）上动不停,身体向右转正,右脚上一步。右掌向右下劈掌置于右腿前侧,虎口朝前;左掌随右臂前劈向后、向上置于头顶左上侧成左朝阳式,掌心向右,虎口朝后。目视前方(图7-150)。

(3)上动不停,左脚向前上半步成左高虚步。左掌向右下劈掌,左臂在腹前内旋屈肘经右臂外侧向后挂(图7-151、152),再上摆云手置于头顶左上侧,掌心向右,虎口朝后;右掌置于右腿后侧成立掌,虎口朝前。目视前方(图7-153)。

图7-151

图7-152

图7-153

图7-154

(4)上动不停,左掌向右下侧劈掌停于右腿外侧,虎口斜朝前;右掌随左臂前劈向后、向上经右肩上侧向前按掌,掌心向下,虎口朝前。目视前方(图7-154)。

动作要点：左脚向前上半步成左高虚步，右臂在左臂外侧顺时针划立圆云手一圈停于腹前，左掌随右臂前云手向后、向上外经头顶向前摆掌于右臂上侧。上右脚，身体右转，左掌逆时针在右臂外侧划立圆一周，置于右腋下；右掌也随左臂逆时针划立圆一周置于左臂外侧按掌。两臂侧平举时左脚再上半步为做虚步，目视前方。活步与转体、摆臂灵活协调。

50.左挑架掌右跷

重心前移，左腿屈膝，右脚向前勾踢，脚尖向上，离地30cm左右，膝关节伸直。同时，左掌向左上侧挑掌，在胸前内旋屈肘向上架掌置于头左前方，掌心向前，虎口斜朝下；右掌向右后捋带置于右腰侧，掌心向下，掌指朝前。目视右脚（图7-155）。

图7-155

动作要点：右掌向右后捋挂、右脚向前踢和左掌向左上侧挑架掌同时发力，配合协调，劲力要完整，保持身体平衡。

51.转身撤步双捆

（1）接上式，上体向右转180°，左脚尖随右腿屈膝回收迅速回扣，右腿收回向左脚后方插步成左弓步。同时，右掌向后前方打捆，掌心向里，虎口向上；左掌下摆，留在身体左后侧，与右臂持平，左掌掌心向右，虎口朝下。目视右掌（图7-156）。

（2）上动不停，上体右转90°，左脚内扣。同时两臂屈肘收回于腹前，掌心向里，虎口朝上。左右掌分别向前后两侧打捆，力尽后放松，掌心向里，虎口朝上。目视左掌（图7-157）。

图 7-156   图 7-157

动作要点：身体右转团身，左弓步双捋扩胸外展，身体左倾，左臂尽力伸直捋出。

52.右劈掌

左脚尖回扣，身体右转翻身90°，右脚外摆回收，足尖点地，成高虚步。同时，右掌下劈置于左腋下大腿外侧，掌心向外；左掌随右掌下劈向上、向前摆掌捋按，左掌心向前，虎口朝上。目视前方（图7-158、159）。

图 7-158   图 7-159   图 7-160

动作要点：两掌绕圆时要松肩活臂，翻身要灵活快速，上体先后仰，随右劈掌成含胸前倾。

53.挑架掌左奔腿

接上式,重心前移,右脚屈膝踩实,左脚提膝向前踢出,高与腰齐。右掌向前挑架掌,置于头右前上方,掌心向前,虎口斜朝下;左臂向下、向后捋带,屈肘置于左腿后侧,掌心向下,虎口向内。目视左脚(图7-160)。

动作要点:左脚前踢时要与左掌回捋,右掌上架有机结合;奔腿要屈膝收胯,踢腿要快速有力,力达足尖。

用法:右掌向上挑架来乙方冲拳,左掌捋挂其右踢腿,同时左脚向乙方之裆部或腹部踢击。

54.跳起右蹬腿

接上式,左脚踢击后屈膝收回不落地,同时左掌前摆,与右臂成十字向头顶上架,掌背相对,掌指朝上。右腿蹬伸起跳,左脚向前、向上摆起,右脚蹬地跳起向前蹬踹;同时右掌从上向前、向下、向后捋挂,虎口向前,附于右腿侧;左掌由前向上摆,右前臂内旋向头上侧架掌,掌心斜向上,掌拍朝右。目视右脚(图7-161、162)。

图7-161　　　　　　　　图7-162

动作要点:随左臂和左膝上摆原地起跳腾空,右脚屈膝勾脚尖向前蹬踹,力达脚跟,高同腰腹;蹬踹时左臂高举,上体前倾,右臂向右下捋挂维持平衡,不同于二起脚。

55.丁步靠肘中字跤

(1)上动不停,左脚先落地,右脚靠拢左脚,脚尖点地。右掌抬起立肘向左裹肘,同时左掌下落向右拍击右前臂内侧。目视前方(图7-163)。

图7-163   图7-164   图7-165

(2)上动不停,右脚前点成右虚步。右掌向左拍按经左肘内侧向下穿掌,掌心向下,四指朝左(图7-164)。

(3)上动不停,右脚向前、向外顺时针划圆(图7-165),收于左脚旁成丁字步;同时右掌在左臂下同样顺时针捋带划圆,虎口张开撑圆,掌指斜朝上,立掌置于右胸前;左臂屈肘随右臂顺时针划平圆,经左胸前向左前方屈腕拍按。目视左掌(图7-166)。

图7-166   图7-167

（4）上动不停,右脚向前跨一步成右弓步。同时,右掌向前推立掌,掌心向前,四指朝上;左掌回收立于胸前右大臂内侧,掌心向右,四指朝上。目视右掌(图7-167)。

动作要点:同上动2进步中字跤。

56.立轮双挂左顶膝

（1）接上式,身体前倾,右手曲腕向前、向下划纵向立圆砍压,右掌向上、向里划弧时,左掌曲腕向前、向下砍压划同一纵向立圆,左右掌重复立轮2~3圈(图7-168、169)。

图7-168　　　　　　图7-169　　　　　　图7-170

（2）上动不停,左前臂内旋与右前臂十字交叉,两掌心向上,虎口相对。目视两掌(图7-170)。

（3）随身体重心前移,上体前倾,提起左膝上顶。同时两掌内旋,经左膝前向下、向外挂掌,力达掌外沿;两掌不停外摆分掌成侧后举,掌心相对,虎口朝下。目视前方(图7-171)。

（4）上动不停,左腿顶膝同时前跨一大步成左弓步。同时左右两掌后摆不变。目视前方(图7-172)。

图 7-171 图 7-172

动作要点：立掌重复砍挂乙方攻击来拳,甲方提膝躲闪或顶膝,两掌下挂分掌防守其腿踢,速度要快,力量要大;两掌后摆,上体前倾低伏。

用途：乙方向甲方踹腿和侧踢,甲方提膝躲闪并摆臂外挂接其来腿,乘其重心不稳进步用肩胸靠击其腰腹部。

57.弓步架插掌

弓步不变,左掌屈肘向上摆从左向右拍按(图 7-173);同时右臂屈肘收于右肩前侧,经左掌下侧向左前方穿插掌,掌心向上,掌指朝前。目视右掌(图 7-174)。

图 7-173 图 7-174

动作要点：身体右倾向左拧转,右手向左前方砍击或插掌,击打乙方左颈部或咽喉部。

58.右撩掌歇步捩

（1）接上动，重心前移，右脚向右前上半步。右掌屈肘上带，顺时针划立圆一周，自下向前撩掌，掌心向上，虎口朝外；左手前伸翻掌按于右前臂，虎口朝里，掌心向下。目视右掌（图7-175、176）。

图7-175　　　　　　　　图7-176　　　　　　　　图7-177

（2）上动不停，左脚向右脚后侧插步，屈腿下蹲成右歇步。同时左掌经右掌上侧向前打捩，掌心向里，虎口朝上；右掌自右胸前收于右肋处，掌心向上，虎口向外。目视左掌（图7-177）。

动作要点：右手撩挑掌化开对方上肢攻击或击打对方下颌，左掌击打对方腹、裆部。

59.摆打勾踢上步砍掌

（1）重心提起，左脚上前半步成左虚步。左掌前伸曲腕拍按；右手变巴子拳向前上摆打，摆至右肩上变掌，掌心向左，虎口朝后；左手拍按右臂后置于右腋下。左腿屈膝支撑，右腿勾踢蹬踩，脚尖上勾稍外展。目视前方（图7-178）。

图 7-178　　　　　　图 7-179　　　　　　图 7-180

（2）上动不停，重心前移，右脚向前上一大步成右弓步。同时，左掌前伸屈腕搂抱；右掌向前劈砍于左掌心，力达掌外沿，左掌虎口朝前，右掌虎口朝上。目视右掌（图 7-179、180）。

动作要点：撺打要将右拳向前上勾后前抛，肘要前顶，气贯丹田。勾踢高不过膝，勾踢与攒拳要协调一致。上步砍掌与左掌搂抱协调一致，两掌击响。

60. 插步摆拳击肘

（1）接上动，左脚向右腿右后侧插步，身体左转90°。右掌变拳向左平抄拳，拳心向下，力达拳面；左掌自右腋下穿掌，向右、向前掳带横击，掌心向下，力达掌外沿（图 7-181）。

图 7-181　　　　　　图 7-182　　　　　　图 7-183

（2）上动不停，右脚向右横跨一步，右拳收于右胸前，右肘与肩平，肘尖朝右，拳心向下；左掌绕腕成立掌，目视左掌（图7-182）。

（3）上动不停，左臂外旋前伸向右搂抱，右肘向左平扫击响于左掌心。目视右肘（图7-183）。

动作要点：右拳为空心拳，力达虎口横击。左掌横捋时右拳胸前回收，同时扩胸发出两臂交错之力。击肘要以腰胯带肘，力沉劲猛，拍响要脆。

收式

1.两臂侧平举：左脚回收至右脚，双脚并立。同时右拳变掌，两臂向下摆掌分别经胯两侧向上成侧平举，掌心向上。目视右掌（图7-184）。

图7-184 图7-185 图7-186

2.两掌下按：两臂屈肘上摆，两掌收于胸前下按，掌心向下，掌指相对，经腹前下按后左右外分，分别落于大腿两侧成自然下垂，虎口朝前。目视前方（图7-185）。

3.并步直立：两掌自然下垂于大腿两侧，同准备姿势。目视正前方（图7-186）。

动作要点：动作要慢些，两手要圆滑，按下时要挺胸收腹，呼气立直。

主要参考文献

1.王世泉.八极拳珍传[M].北京:人民体育出版社,2005.

2.杨晓军.东北翻子拳[M].长春:吉林人民出版社,2005.

3.郭瑞祥,王华峰.劈挂拳[M].北京:北京体育学院出版社,1992.

4.洪述顺.五套传统武术[M].西安:陕西人民教育出版社,1987.

5.郝心莲.八门拳术[M].北京:人民体育出版社,1990.

附　录

附录一　八极拳路线图

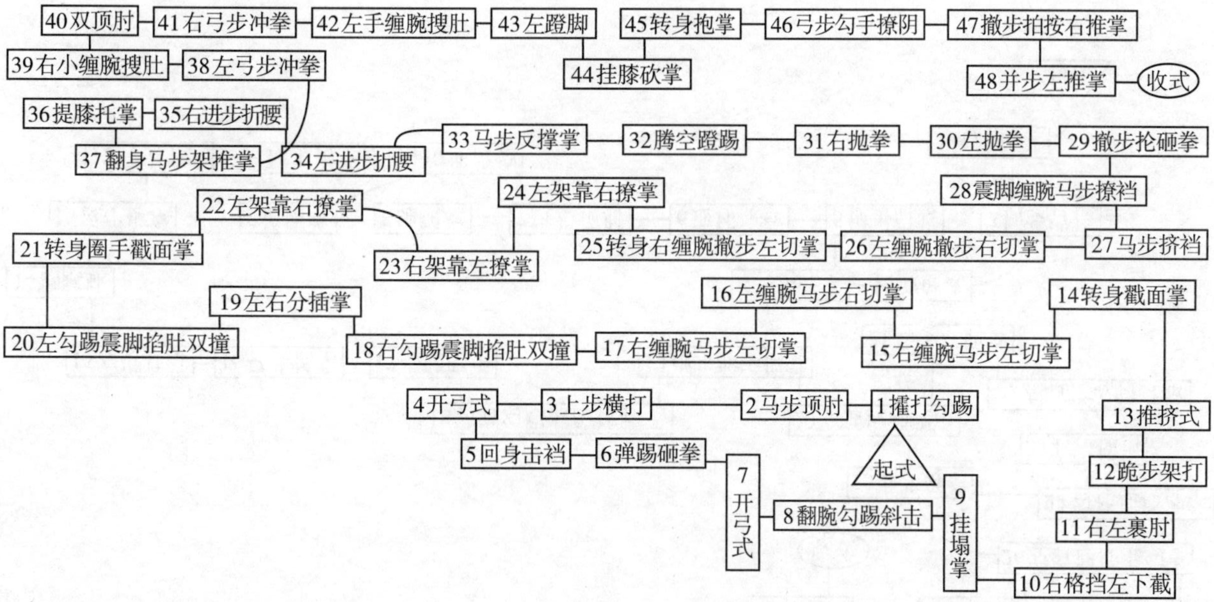
起式
1擢打勾踢
2马步顶肘
3上步横打
4开弓式
5回身击裆
6弹踢砸拳
7开弓式
8翻腕勾踢斜击
9挂塌掌
10右格挡左下截
11右左裹肘
12跪步架打
13推挤式
14转身戳面掌
15右缠腕马步左切掌
16左缠腕马步右切掌
17右缠腕马步左切掌
18右勾踢震脚掐肚双撞
19左右分插掌
20左勾踢震脚掐肚双撞
21转身圈手戳面掌
22左架靠右撩掌
23右架靠左撩掌
24左架靠右撩掌
25转身右缠腕撤步左切掌
26左缠腕撤步右切掌
27马步挤裆
28震脚缠腕马步撩裆
29撤步抡砸拳
30左抛拳
31右抛拳
32腾空蹬踢
33马步反撑掌
34左进步折腰
35右进步折腰
36提膝托掌
37翻身马步架推掌
38左弓步冲拳
39右小缠腕搜肚
40双顶肘
41右弓步冲拳
42左手缠腕搜肚
43左蹬脚
44挂膝砍掌
45转身抱掌
46弓步勾手撩阴
47撤步拍按右推掌
48并步左推掌
收式

附录二 翻子拳路线图

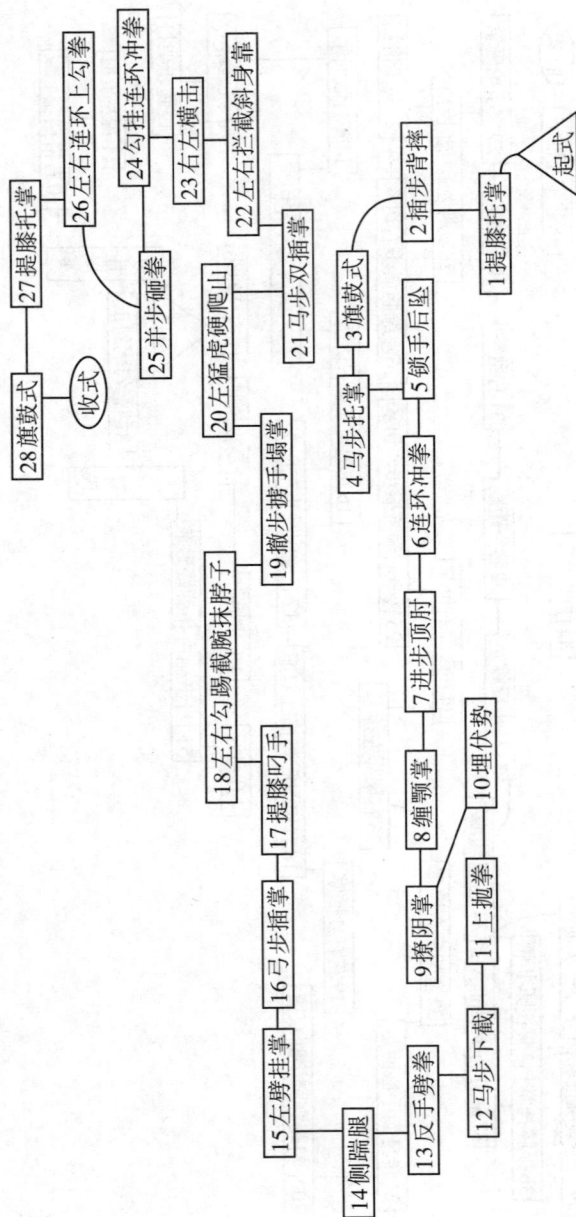

起式

1 提膝托掌

2 捅步背拳

3 旗鼓式

4 马步托掌 — 5 锁手后坠 — 6 连环冲拳 — 7 进步顶肘 — 8 绳颚掌 — 9 撩阴掌 — 10 埋伏势 — 11 上抛拳 — 12 马步下截

21 马步双捅掌

22 左右拦截斜身靠

23 右左横击

24 勾挂连环冲拳

25 弁步砸拳

20 左猛虎硬爬山

19 撤步拐手塌掌

18 左右勾截抹腕抹脖子

17 提膝叼手

16 弓步捅掌

15 左劈挂掌 — 14 侧端踹腿 — 13 反手劈拳

26 左右连环上勾拳

27 提膝托掌

28 旗鼓式

收式

附录三 劈挂拳一路路线图

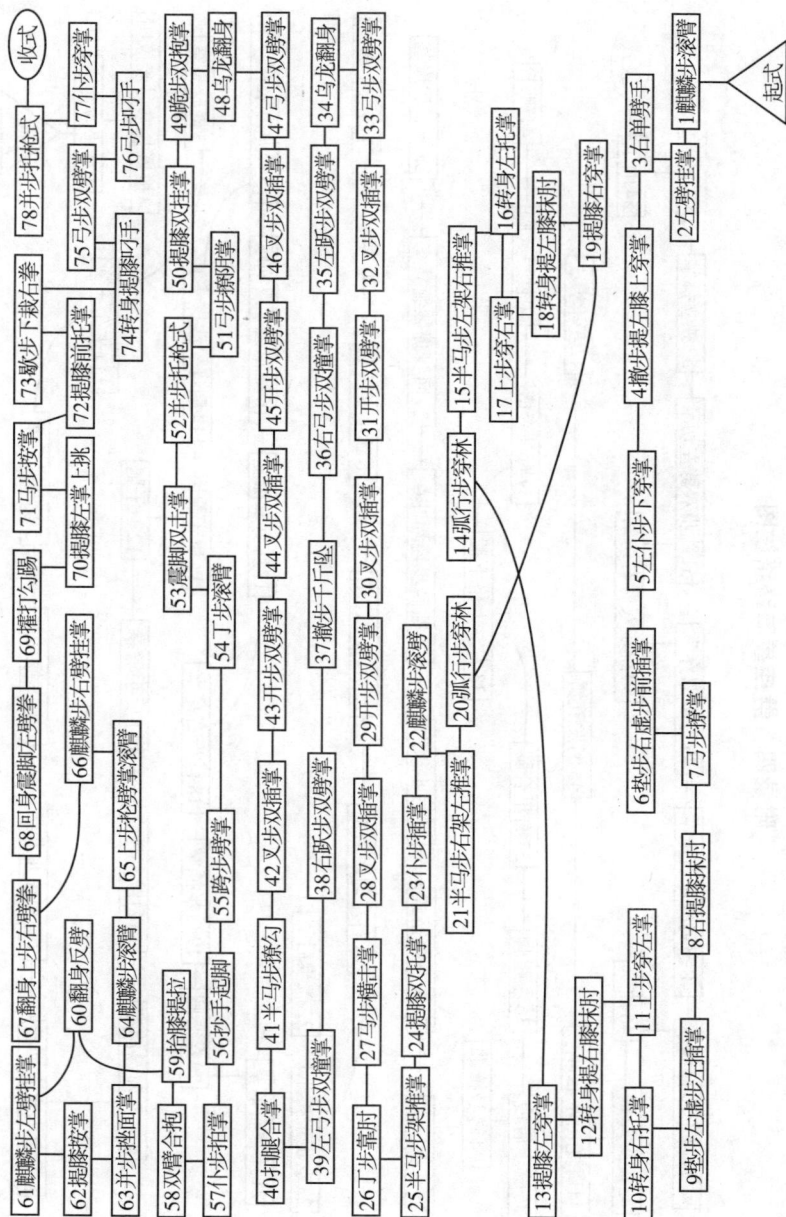

附录四　劈挂拳二路路线图

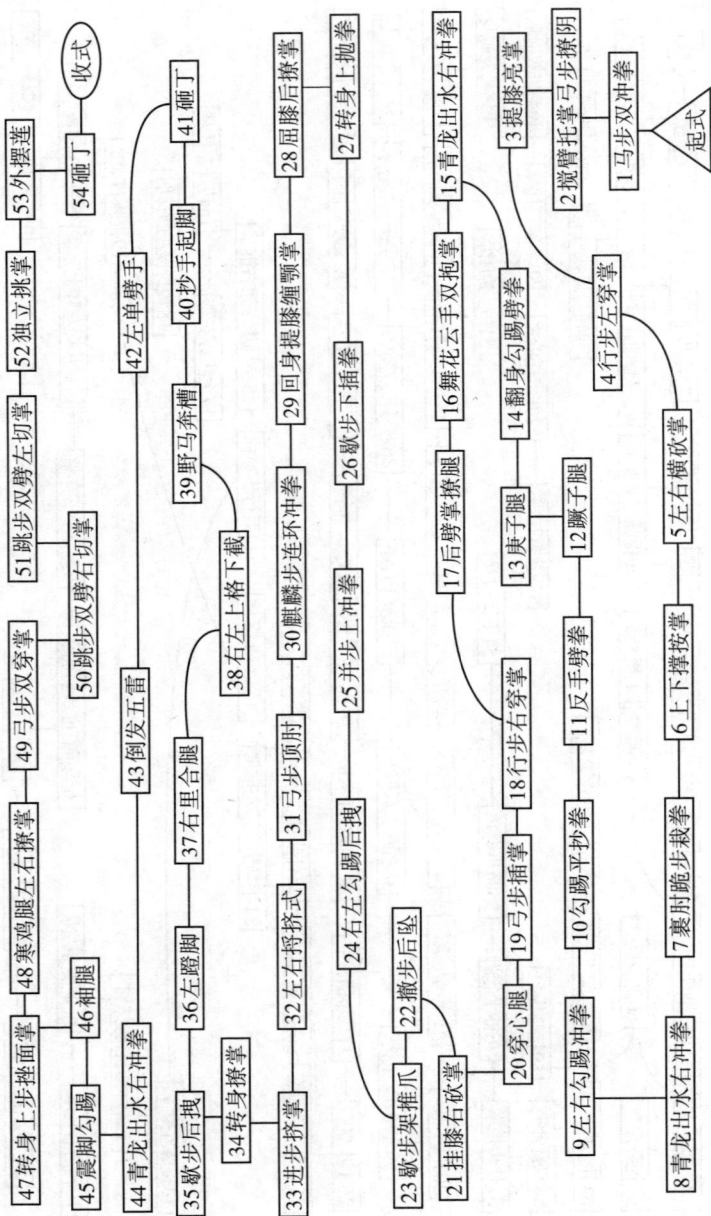

起式

1 马步双冲拳

2 搅臂托掌弓步探阴

3 提膝亮掌

4 行步左穿掌

5 左右横砍掌

6 上下撑按掌

7 裹肘跪步栽拳

8 青龙出水右冲拳

9 左右勾踢冲拳

10 勾踢平抄拳

11 反手劈拳

12 瞭子腿

13 庚子腿

14 翻身勾踢劈拳

15 青龙出水右冲拳

16 舞花云手双抱拳

17 后撑掌撩腿

18 行步左穿掌

19 弓步捅掌

20 穿心腿

21 挂膝亮掌

22 撤步后坠

23 歇步架椎爪

24 右左勾踢后拽

25 并步上冲拳

26 歇步下插拳

27 转身上抛拳

28 屈膝后撩掌

29 回身提膝缠嚩掌

30 麒麟步连环冲拳

31 弓步顶肘

32 左右弓捋掌

33 进步按掌

34 转身撩掌

35 歇步后拽

36 左蹚脚

37 右里合

38 右上格下截

39 野马奔槽

40 抄手起脚

41 砸丁

42 左单劈手

43 倒发五雷

44 青龙出水右冲拳

45 晨鸡脚勾踢

46 抽腿

47 转身上步挫面掌

48 寒鸡腿左右撩掌

49 弓步双穿掌

50 跳步双劈右切掌

51 跳步双劈左切掌

52 独立挑掌

53 外摆连

54 砸丁

收式

附录五　劈挂拳三路路线图

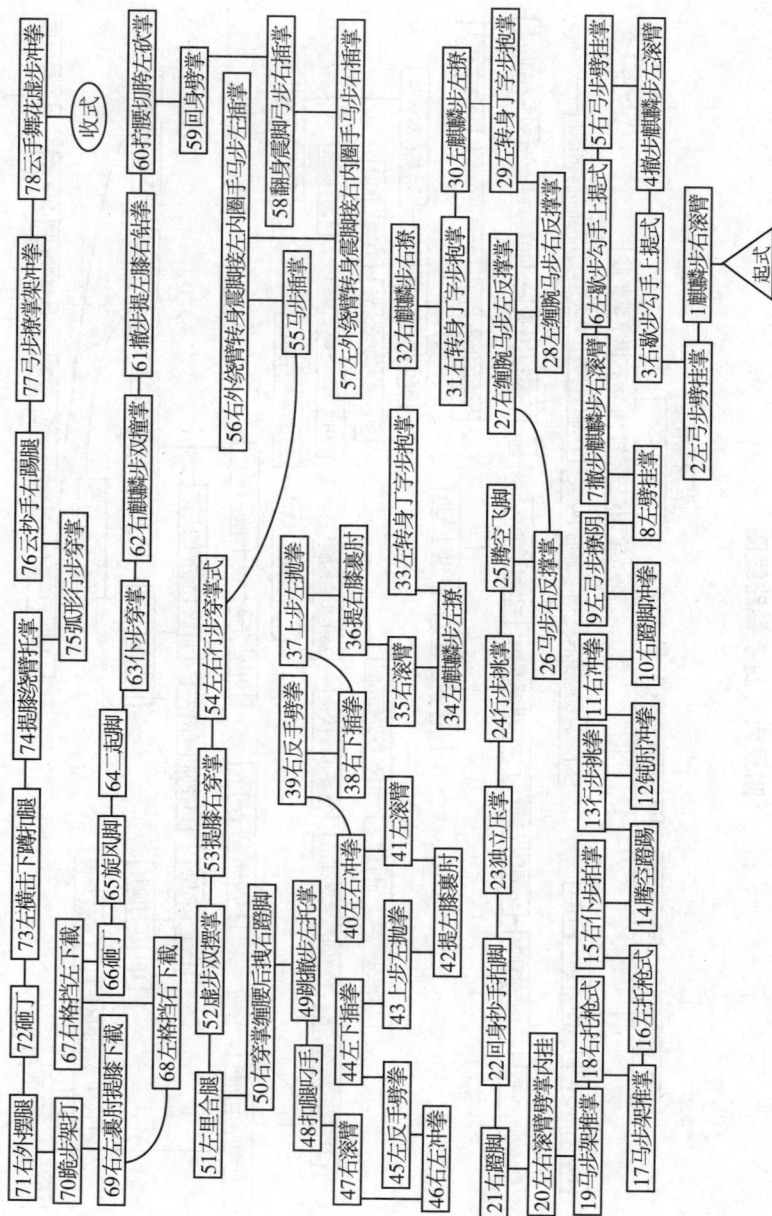

附录六　封手拳线路图

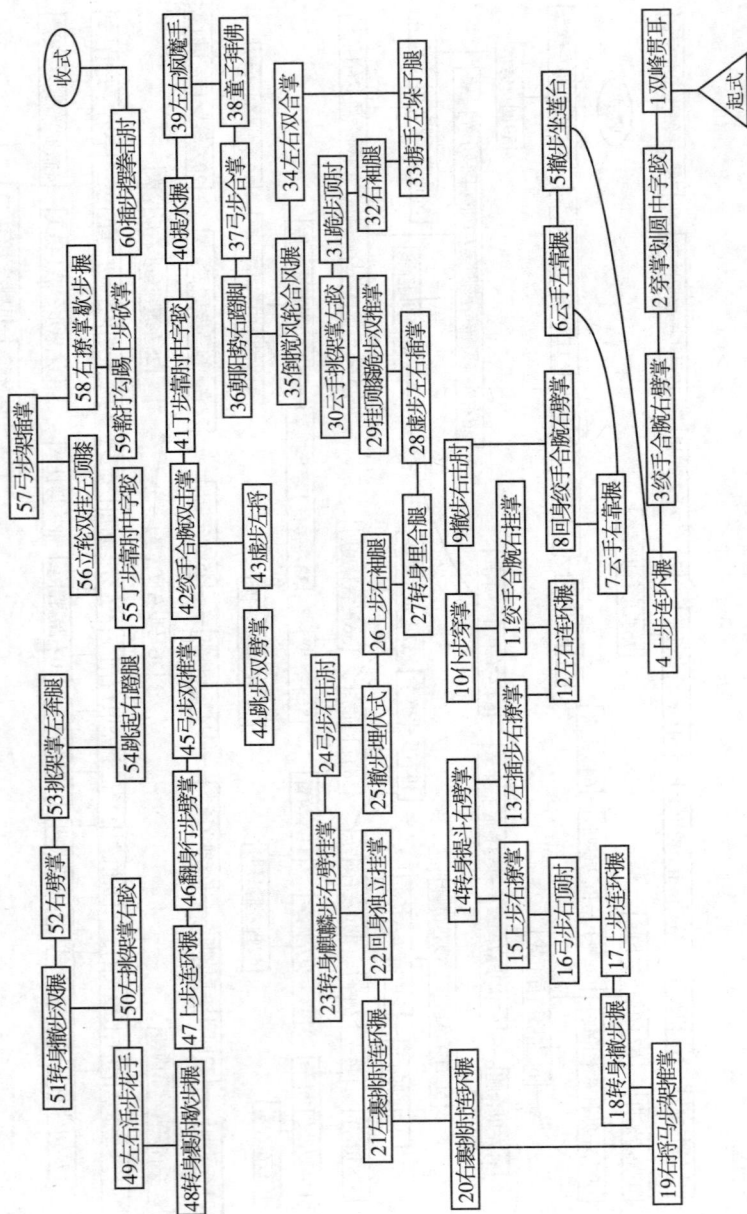

起式

1 双峰贯耳
2 穿掌划圆中字跷
3 绞手合腕右劈掌
4 上步连环腿
5 撤步坐连合
6 云手左掌腿
7 云手右靠掌
8 回身绞手合腕右劈掌
9 绞手左击肘
10 怀心步穿掌
11 绞手合腕右靠掌
12 左右连环腿
13 右捅步右劈掌
14 转身提斗右劈掌
15 上步右撩掌
16 弓步右顶肘
17 上步连环腿
18 转身撩步腿
19 平铲马山架裂撑掌
20 右裹胳膊打连环腿
21 左裹胳膊打连环腿
22 回身独立挂掌
23 转身撩麟步右野挂掌
24 弓步右击肘
25 撤步埋伏式
26 上步右神腿
27 转身里合眼
28 跟步左拜掌
29 扫里顶胳膊步左难掌
30 云手排架掌左字跷
31 跪步顶肘
32 右神腿
33 搂手左怀子拜腿
34 左右双合掌
35 卸腰双合合风腿
36 卸胯势右踢脚
37 弓步合掌
38 童子拜佛
39 左右顶魔手
40 提水腿
41 丁步捅肘中字跷
42 绞手合腕右拦掌
43 跟步左将
44 跳步双劈掌
45 弓步双难掌
46 翻身拧沙劈掌
47 上步连环腿
48 连身裹胳膊止腿
49 左右活步花手
50 左排架掌右跷
51 转身撩步双腿
52 右劈掌
53 挑架掌左神眼
54 跳起右踢腿
55 丁步捅肘中字跷
56 立轮双柱左正腿
57 弓步地趟捶掌
58 右撩掌跃步腿
59 靠打勾踢上步收掌
60 捅打劈手右顶肘

收式